カナダ寄り道回り道

～走り抜けた 1万2千キロの旅～

落合晴江
Harue Ochiai

学芸みらい社

はじめに

フィリピンで買い物をしていたら、店員に言われた。

「あなた、日本人なのにどうして英語が話せるの?」

そこは多くの日本人観光客がみやげ物を求めて訪れるマーケットの中にある、サンゴのアクセサリーを売っている店だった。土佐のサンゴは硬質で加工が難しく、高価なものが多いけれど、フィリピン産サンゴは比較的に安価で求めやすい。私は小さな赤い小枝状のサンゴが連なっているネックレスを手に取って見ていたが、驚いて店員の顔を見た。

「日本人だって、英語を話せるわよ」

私はなんだか日本人が馬鹿にされたような気になって言った。

「話せないよ」

三十歳前後の女性店員は言い返してきたけれど、悪気はなく、ただ思ったことを言っただけだというように、大きな目を私に向けた。

「日本人は完璧な英語でないと話さないのよ。ちゃんとわかってはいるのよ」

むきになることはないのに、私は急に日本代表になったように言った。

店員はちょっと肩をすくめただけだった。おそらく英語に堪能な日本人たちは民芸品を扱うみやげ物店などには立ち寄らないのだろう。


大多数の日本人は、私もそうだけれど、英語を話そうとすると、まず頭の中で単語を文法どおりに並べようとするので、瞬時に受け答えをするのが苦手だ。つい間があいてしまって言いそびれてしまう。単語と単語を並べてニコリとするだけでけっこう意思は通じるのだけれど、小さなプライドが邪魔をするのだ。

マラソンで優勝した外国人選手が、たどたどしい日本語でインタビューに答えているのを見ると嬉しくなるくせに、自分は文法どおりに正しい英語で話したいと願ってしまう。

でも、正しい英語ってどんな英語？

世界中で話されている英語は、どうやら色々なイントネーションやアクセントがあるらしい。ＴＶのニュースに出てくる世界の著名な人たちも、癖のあるアクセントで堂々と話している。

だから私たちも、多少文法が間違っていたって、発音が変だって、恥ずかしがることはない。どうしても相手に伝えたいことがあるならば、商取引や哲学的な難しい問題でなければ、何とか伝えることができるものだ。

私もカナダへ行った当初は、まともな英語は話せなかった。けれど必要にせまられれば、何とかこちらの意図を伝えることはできた。

思いきって、日本人がめったに行かない土地を訪ねてもみた。中古車を運転して、カナダの東から西へ往復一万二千キロの旅をした、ちょうど東京からバンクーバー間と同じ距離だ。多くの人たちと出会い、珍しい体験もできた。

それがどうした、と言われればそれまでだけれど、世界には見のがしてしまうには惜しいことがたくさんある。

先日、神社の境内で外国人の新郎と日本人の新婦が婚礼衣装を着て記念撮影をしているところに出会った。通りがかった人たちは、笑顔で「おめでとう」と声をかけて二人を祝福していた。日本語でも充分意味が通じたはずだけれど、もう少し話せたら、もっと楽しかったかもしれない。

これからはスポーツの国際試合や観光などで来日する外国人がますます増えると思われる。海外へ出かけるまでもなく、国内で外国人たちと接する機会も多くなりそうだ。来日する外国人がすべて英語を話す人たちではないけれど、私たちも堂々と日本訛りの英語で話しかければよいと思う。

その反面、少し矛盾するようだけれど、言葉を話せればそれでよいというわけではないとも思う。簡単な会話から一歩さきに進んでコミュニケーションをとろうとすると、文化や習慣などの違いから誤解が生じることもある。しかし、だからこそ気づくことも多い。私はカナダへ行ってたくさん誤解したり誤解されたり、失敗しながら多くのことに気づかされた。

いつも私に適切なアドバイスをしてくれたヴァルという人がいた。二月十四日生まれなのでバレンタインという名がつけられたが、通称ヴァルと呼ばれるので女性と間違えられることがあるらしい。バレリーという女性もヴァルと呼ばれるからだ。私もハルエという名前をハービーという男性名と読み間違えられて、郵便物の宛名書きにミスター・ハービーと書かれたことが何回かあった。

ヴァルはカナダの大学院を修了してから家族でアメリカへ移り、別の大学院でも学んで、その時日本人の赤ちゃんを養子に迎えた。学びを終えた後、カナダに帰国した時、夫妻と実子であるお嬢さんは当然問題なく帰国できたけれど、養女の赤ちゃんはなかなか入国を認められず、手続きが大変だったらしい。その時からヴァルは東洋人やカナダ・インディアンと呼ばれた先住民たち、いわゆるカナダ社会のマイノリティーと呼ばれる人たちの立場を理解するようになった。それで留学中の私にも何かと気にかけてくれていた。

後にブリティッシュ・コロンビア州の州議会議員に選出されたヴァルは人望があり、ものすごく説得力があった。アイデアマンの彼はいろいろと新しいことに着手して、組織をまとめることも巧みだった。忙しい人だったけれど、私のために時間を割いてくれて、よい相談相手になってくれていた。

ある時、コーヒーを飲みながらヴァルの話にフムフムと相槌をうちながら聞いていて、最後に私は言った。

「私はそうは思わない」

「ウェル」

これはヴァルが一拍おきたいときの口癖だ。

「フムフムと頷いていたから、賛成したと思った」

「ちゃんと聞いています、意味を理解しています、という意味です。同意して首を縦にふった訳ではありません」

「その癖は前から気づいていましたよ。ネイティブの中にも頷くことが賛成ではない部族がいるから。でも、普通は首を縦にふると、同意した、賛成したと思われますよ」

「日本人は話を聞いている時、賛成したというより、あなたの言っていることを理解しているという意味で首を縦にふることがあります」

私はその時以来、相手の意見に完全に賛成したとき以外は頷かないことにした。ちゃんと聞いているという表示なら、相手の目を見ていれば良いのだ。しかし、これを日本人相手にすると、「見つめられすぎて圧迫感がある」と言われることになる。コミュニケーションは言葉以外にも気をくばる必要があるということなのだろう。面倒だとも思うし、面白いとも思う。日本人同士だって「おしるこ」と「ぜんざい」の意味が関東と関西では逆になるのだから。相手に何か伝えるということは、本当はものすごく大変なことなのだ。

私は当初、カナダへ行きさえすればすぐにでも英語が話せるようになると思っていた。けれどもそれは大間違いだった。単語を一つひとつ覚えるという地道な作業抜きにはなにも始まらない。

そもそも、英会話を学ぶなら、アジアでもアメリカでもイギリスでも良かったはずなのに、なぜカナダへ行こうと考えたのか。帰国してからかなり時を経てから振り返って考えてみた。するといろいろな出来事が思いだされた。日本人がめったに行かない土地へ行き、珍しい体験もした。それらの経験はこれからもきっと私の生き方を豊かにしてくれるはずだ。

目次

1. いざカナダへ――多様な文化の国

旅行中にみやげ物を買っている時は、贈る相手のことを思い浮かべながら品物や数量を考え、多少余分の品も用意する。しかし、いざ帰宅して部屋中に買ってきた物を並べてみると、自分のために買った物が思ったよりも多く、贈り先への配分に困ることがある。誰に何をと迷いながら考えることも、旅の楽しみの延長かもしれない。

日本の観光地のみやげ物はしっかり包装されていて、中身が何だったか覚えていないこともあるが、海外のみやげ物は簡単に包まれていたり、紙袋に入っていたりして、すぐ取り出せることが多い。包み紙の上でおつりを計算して、その紙で包んでくれたりもする。

ヨーロッパから帰国早々、みやげ物の中から茶色の紙袋に入った小さな箱を取り出した。中にはオランダで買った、風車の形をした陶器製のソルト・アンド・ペッパーが入っていた。白地に青色で景色が描かれ、ちゃんと回転する風車が付いている。塩やコショウをふりかけながら、指で風車を回転させて楽しめそうだった。

しかし、思いもよらずその陶器の底に、メイド・イン・ジャパンのシールが張ってあるのを見つけた。かなり古い製品らしい。

わざわざオランダで買ったみやげ物は日本製だったのだ。きちんと包装されていたら開けたりせずに、そのまま誰かの手に渡していたはずだ。日本製だとわかっても、そのシールをはがしてからオランダみやげだと言って友人に渡しても良かったのかもしれない。

品物はとても精巧にできていて、いかにもオランダみやげらしく見えた。それでも何だか気が抜けてしまい、人にはあげる気になれず、自宅の食器戸棚にしまいこんだ。目立たない所に押し込んでおいて、忘れた頃に取り出して使ってみようと思った。

とにかくみやげ物の整理が終わらないと、旅行気分から抜けきらない。そんな状態で、私は言った。

「カナダへ行きたい」


何人かの知人に「カナダに行きたい」と話した。

すると、三十年間日本に住んでいるアメリカ人が言った。

「あなたも足の裏がかゆくなったのですね」

「エーッ、水虫なんてありませんよ」と私は驚いて言い返した。

「海外旅行から帰った人はすぐにまた外国へ旅行したくなる、というアメリカの諺があります」

つまり足に水虫がなくても、どこかへ出かけたくて足の裏がムズムズしてくるという意味らしい。ちょうどヨーロッパ旅行から帰った私がおみやげを配っていたのを知っていたので、そんな諺を思い出したのだろう。少し単純な私は何だか足の裏がムズムズしているような気になった。

「なぜ、カナダに行きたいのですか？」

アメリカ人としては、なぜアメリカではなくカナダへ行きたいのか、知りたいのだろう。彼は私が働いている事務所の責任者で、テンガロン・ハットをかぶせれば、西部劇に出てくる主人公の邪魔をする大牧場主にそっくりな人だ。テンガロン・ハットがなくてもかなり迫力がある人なので、私はいつも目一杯気合を入れて一緒に働いていた。

そういう彼に、カナダ人のほうが優しそうだから、なんて言えやしない。私の知っているカナダ人は、男の人も女の人も控えめで、優しそうな人たちばかりだったのは事実だけれど、なぜカナダに行きたいのかと尋ねられても、はっきりした理由はすぐに思い浮かばなかった。

私はあまり観光旅行に興味があるほうではない。バンフやジャスパーなどで有名なカナディアン・ロッキーは、ＴＶや写真で見れば充分だと思うし、ナイアガラの滝も水が大量に落下しているだけのものだ。オーロラにしても行けば必ず見られるものではないらしい。もしかすると本当にアメリカの諺のように、ただ足の裏がかゆくなっただけなのだろうか。強いて考えれば、行ってきたばかりの海外旅行で、自分の英会話能力に歯がゆい思いをしてきたからだろうか。アジアだけでなくヨーロッパでも、やはり英語で意志表明すれば通じることが実感としてわかったのだ。

私は、テンガロン・ハットが似合いそうな日本語ペラペラのアメリカ人上司と、英語とドイツ語が堪能な日本人同僚と、七年間共に働いてきたけれど、彼らの前で下手な英語を話す気にはなれず、日本語だけで通してきた。多少不便なことはあったけれど、必要に迫られたことはなかった。しかし、いざ外国へ行くと、やはり不便だった。そこで、優しい人たちが住んでいそうなカナダへ行って、少しは英会話を身につけてこようと考えたのだ。

こうして「カナダへ行きたい」と何人かの人に話していると、知人の知人のそのまた知人がバンクーバーに住んでいて、下宿先を紹介してくれることになった。物事は気合いやタイミングで大きく動いてゆくらしい。私自身が驚くほどのテンポの速さで、カナダの受け入れ先が決まった。

受け入れてくれることになったカナダ人から「いつでもどうぞ」という手紙と家の写真が送られてきた。写真は門の外側から家の正面を写したもので、樹木の向こうに大きな家が見えた。そこは下宿というより、老人と若い人を受け入れて一緒に暮らす、一種のグループホームのような家らしかった。そして差出人の住所は、バンクーバーではなくバーナビーと書いてあった。

「バーナビーって、どこでしょう?」

アメリカ人に尋ねてもわからなかった。BCと書かれていたので、少なくともブティッシュ・コロンビア州の中のどこかにあるには違いないけれど、地図を調べてもどこにもバーナビーは見当たらなかった。

その家を紹介してくれた知人の知人のカナダ人は、子どもの頃、隣の家まで馬に乗って三十分もかかる所に住んでいたとのことなので、きっとかなり辺鄙な所に違いなかった。クマが出そうな山奥の小さな村かもしれない。けれどせっかく受け入れてくれるというのだから、行くしかないと思った。

直前の海外旅行で預金を使ってしまった私は、七年間働いた事務所の退職金とお餞別を持って、カナダへ出発した。

バンクーバーに着いてから、これからお世話になる家の女主人に電話した。着いたら飛行場まで迎えに来てくれるはずだった。しかし、同居しているお年寄りの具合が悪くなったので迎えに行けないから、タクシーで来て欲しいと言われた。

「タクシー代は払います」と言ってくれたけれど、とたんに心細くなった。どこだかわからない所にタクシーに乗って来てと言われても、どれほどの距離なのかもわからない。思った通りの山の中かもしれない。少し不安になってきた。

空港で米ドルからカナダドルに両替して、タクシー乗り場へ向かった。料金が多額になるかもしれなかったし、下宿先の人に支払ってもらうつもりはなかったので、少し多めに現金を用意した。そしてまるで地の果てに行くような気持ちで、タクシーに乗り込んだ。

タクシーは街の中心部を抜け、広い通りをしばらく走ってから急な坂道を登り、一軒の

ベラの家

大きな家の前で止まった。もっと遠い所だと覚悟していたのに、すぐ着いてしまった。

地図に載っていなかったバーナビーは、バウンダリー・ロードという広い道をはさんだ、バンクーバーの隣町だった。リッチモンドやニュー・ウェストミンスターなどの周辺の町と共に、グレーター・バンクーバーと呼ばれているらしい。私の下宿先はバンクーバー市との境界線からバーナビー側に入った三軒目の家だった。

ブルーグレーのペンキが塗られた木造の階段があって、その上の玄関ポーチには小さなテーブルと椅子が二脚置いてあった。私は玄関ポーチの上までスーツケースを引っ張り上げ、ドアの左手にあったチャイムを鳴らした。

ドアが開いて、この家の女主人が現れた。細ぶちメガネの中から灰色の瞳がうれしそうに笑っていた。彼女はベラ・ローデンと名のった。

大きな二階建ての家には広い半地下室があって、大きなアイロン台のあるランドリールーム、物置部屋、セントラルヒーティングのボイラー室のほかに部屋が三つあり、その中の一つが私の部屋になった。

ベラは、赤いカーディガンを着て赤いスーツケースを持っていた私を見て喜んだ。それは私の住むことになっていた部屋が、天井から床まで深紅の壁紙が張られていたからだった。

「赤が好きらしいので、ホッとしたわ」と後になって彼女は言った。

私の前にその部屋に住んでいたマルガリータが選んだのは、深紅に銀色の模様の入った、とてもきれいな壁紙だった。その色は毛足の長いアイボリー色の絨毯にとてもよくマッチしていて、私は一目で気にいった。ドアの扉一面に鏡が貼り付けられているのも便利だった。茶色い勉強机と椅子もあった。

ベラは二十七年間、アフリカのコンゴにあるミッション系看護学校で教えていた女性だ。両親が年老いたのを機に帰国し、数名の老人たちを引き取って、共に生活するグループホームを運営してきた。最近になって老人だけでなく若い女性たちも下宿人として受け入れ始めたところだった。

私の他には障害者のグループホームで働き、週末だけこの家に戻ってくる二人の若い女性と、時々精神のバランスを崩すらしいオードリー、リタイアした元高校教師のジーン、そしてベラが世話をしている四人の老婦人たちが住んでいた。その中の一人は特に手のかかる人で、ベラはその世話で少し疲れていた。

ほどなく、時間的に余裕のある私は、週のうち三日ほどベラの手伝いをすることになった。好都合なことにそれで下宿代を無料にしてくれることになったのだ。英語学校に通う時間を除いて、空いている時間に部屋の掃除をしたり、老婦人たちの面倒を見たりした。この取り決めは少し疲れ気味なベラにとっても、節約する必要のある私にとっても有意義なことだった。こうして私はお客さんではなく、生活者としてカナダで暮らすことになった。

私は毎日、歩いて十分ほどの所にある英語学校へ通い始めた。それは小学校の建物の一部を使用した新移住者向けの英語学校で、日本人は二人だけだった。クラスは初級・中級・上級に分けられていた。各クラス十五人ほどの教室の座席は円型に並んでいて、みんなの顔がよく見えた。当時はイタリア人やメキシコ人、ベトナム人、韓国人、中国人などが通っていた。ケベック州から来たフランス系カナダ人もいた。

新移住者の授業料はほとんど資料代程度だったが、旅行ビザで滞在していた私は彼らの十倍くらい支払っていた。それでも学生ビザが申請できるダウンタウンにある英語学校に比べると、かなり安かった。家から近いこと、授業料が安いことだけでなく、ダウンタウンの学校は日本人が多く、日本語ばかり話して勉強にならないと聞いていたので、この学校に通うことにしたのだ。私は毎日ヨーロッパやアジアの人たちに囲まれて、様々な訛りのある英語を聞いて暮した。

深紅の壁紙に囲まれた私の部屋は半地下の西側にあって、表玄関から裏門へ抜けるレンガ敷きの道が横に細長い窓から見えた。

反対側の部屋に住んでいたジーンとは、昼食と夕食の時間以外にはあまり顔を合わせなかった。ジーンはいつもせかせかして、杖と帽子を持ってどこかへ出かけていた。けれどもかつて高校教師だった経験からか、私の英語力を少しでも上達させようと思ってくれたらしく、私と話す時は丁寧にゆっくり話してくれた。

ジーンは好奇心が強く、私にいろいろ質問したけれど、私が尋ねたことにも親切に答えてくれた。だから誰よりも彼女のイントネーションが耳に沁みこんできた。いかにもブリティッシュらしい響きのあるイントネーションはわかりやすく、耳に心地よかった。ジーンは私に言った。

「ベスの発音はとてもきれいよ。世界一くせのない発音だから、よく聞くといいわ」

ベスはエリザベスのニックネームで、ベラが世話をしている老婦人の一人だった。スコ

ベラ（右）とジーン（左）

ットランドのエディンバラで生まれた人だ。スコットランドの人はかなりくせのあるアクセントがあるけれど、エディンバラの一部の人たちは、まったくくせのない発音をするのだとジーンは教えてくれた。

ベスは若い頃、両親とカナダへ移住してきて、とても苦労したのだとジーンは言った。つまりベスはジーンが英国系カナダ人二世であるように、スコットランド系カナダ人ということになる。それにベラがスウェーデン系カナダ人だから、私の周りの人たちはヨーロッパから移住してきた一世や二世が多かった。

ジーンはまた、こうも言った。

「ベラの英語は完璧ではないから、あまり真似しないほうがいいわ」

スウェーデン人の両親を持つベラは、幼

い頃はスウェーデン語で育ち、小学校に入学してから英語を学んだ。そのうえ二十七年間アフリカのコンゴで看護師の教育をフランス語で行っていた。ベラがいたコンゴは旧ベルギー領だったが、独立後もフランス語が公用語として用いられていたのだ。

ジーンからすれば、ベラの英語は少し変に聞こえたのだろう。ジーンはビクトリア市で生まれ育ち、母親と同じく教職へと進んだ。母親は英国人としてのプライドが高い人だったとジーンが話したことがあったが、彼女自身も英国を意識しているところがあって、私に良い英語を身につけてほしいと願っているようだった。

面白いことに、時々訪ねてくるベラの兄嫁マーサは、私の英語の先生がアメリカ人と聞くとこう言った。

「アメリカ人に英語を教わっているなんて！」

アメリカ人の英語とカナダ人の英語は単語の選び方とアクセントが多少違うらしい。私にわかるのはｅｒの発音の違いくらいだけれど、マーサにしてみるとなぜアメリカ人がカナダで英語を教えているのだ、ということらしい。マーサが会ったこともない私たちの英語教師に不満らしいので、私はジル先生の味方をしたくなった。

「とても優しくて良い先生だから、みんなに好かれているわ」

これでは英語教師としてのジル先生を援護したことにはならなかったが、私にしてみればどうせ完璧な英語を話せるようにはなれそうにないのだから、先生はカナダ人でもアメリカ人でもイギリス人でもよかった。それにアメリカ人といっても、赤毛でチリチリ髪のジル先生は、本当はイギリス生まれだった。結婚してから夫婦でアメリカに移住し、職がなかったのでカナダに来て臨時の英語教師をしていたイギリス系アメリカ人だったのだ。

ジル先生が意図的にイギリス訛りを消しているのか、私たちにはわからなかったが、授業はとても楽しかった。クラスの人たちもかなり癖のある発音で話し合っていたので、私も日本訛りが少しも恥ずかしくなかった。

ちなみにマーサの長女の夫は、トゥデイをトゥダイと発音するオーストラリア人だ。

深紅の壁紙を張ったマルガリータも、私と同じ学校で英語の勉強をしたらしい。両親と妹の四人でスウェーデンから移住してきたマルガリータは、少し小柄で、とても美しい人だった。ジーンはマルガリータより妹のほうが美人だと言うが、これは好みの問題だ。シャープな感じのマルガリータに比べると、妹は甘く優しい顔立ちをしている。マルガリータはカナダに来た頃は英語が話せず、スウェーデン語が通じるベラを頼りに、この家で働きながら英語を学んだのだ。控えめな性格もあって口数が少なく、時々はにかんだような笑顔を見せる。

マルガリータの父親は、妻とまだ学生の次女と共に別の所に住んでいて、ペンキ屋を営んでいた。カナダでは住人が替わる時に、たとえ一部屋でも壁を塗り替える習慣があるらしく、私の隣が空き部屋になった時、マルガリータの父親がやって来た。廊下からペンキを塗り替えているのが見えたので、なぜカナダに移住する気になったのか、尋ねてみた。一大決意が必要だったと思ったのだ。すると、スウェーデンでは何の仕事をしていたのか聞かなかったけれど、税金を四十パーセントも取られて働く気がしなくなったのだと言っていた。今のほうが収入は少ないけれど、働き甲斐があるとも言った。

マルガリータは私がカナダに着いた頃には職を得て、一人でアパート暮らしをしていた。すてきなボーイフレンドもいるらしい。

見回してみるまでもなく、私はヨーロッパの文化や習慣をもってカナダで暮らしている人たちに囲まれていることに気がついた。いろいろな国から来た人々が、それぞれの文化を守りながら、新しい国で暮らしている。カナダがモザイク国家と言われる所以なのだろう。

バンクーバーには私以外にも大勢の日本人が住んでいて、その中の一人をカナダ人に紹介された。新潟県から来てカレッジに通っている女性で、昼間は元気に勉強しているけれど、夜になるとウオーンウオーンと大声で泣くらしい。心配した人たちが私に何とかしてほしいと頼みに来たのだ。

あまり気が進まなかった。会ったこともない人を慰めたり励ましたりするのは面倒だと思った。しかし、放ってもおけないので、会いに行ってみた。色白の丸顔で、一重まぶたが少し腫れぼったく見えた。服装は地方のお金持ちのお嬢さんらしく、品質のよいものだったが、私の好みとは一味違っていた。

彼女は私に会って少し緊張しているようだった。

初めは当たり障りのない共通の話題をさぐりながら話していたが、私の悪い癖で、つい思ったことを言ってしまった。

「泣くほどつらいなら、日本に帰ったら？」

彼女はビックリして、私の顔を見つめた。

「どうしてもカナダにいる必要があるなら、別だけれど」

もう少し柔らかな言い回しを考えれば良かったと、ちょっと反省したけれど、結論としては同じことだ。泣くほどつらいなら、日本に帰ればいい。無理をして泣きながらカナダに留まっている彼女の気持ちが、私には理解できなかった。

慰めたり励ましたりするために会ったのだから、もう少し親切な言葉をかけてあげるべきだったかもしれない。けれど、遠回しな言い方は苦手だ。それに彼女が泣く理由がはっきりしないので、こちらもあいまいな言葉しか思い浮かばなかった。少し気まずい空気の中、大して意味のない会話を続けてから別れた。

それからしばらくして、私を紹介した人から、彼女が泣くのを止めたと知らされた。私がとても良い助言をしたと思われたようだ。けっこう冷たい言い方をしたと反省していたけれど、いつでも日本に帰れるということに気がついて、追い詰められていた気持ちが楽になったのだろう。その気になれば、十時間ちょっと飛行機に乗れば、いつでも日本に帰れるのだから。

私はまた、別のカナダ人からも日本人女性を紹介された。今度の人は友達がいないようだから、話し相手になってあげてほしいということだった。世話好きな人もいるものだと思いながらも、頼まれるままにその人に会ってみた。

美和子さんというその人は、化粧っ気のない浅黒い顔に長い髪を後ろで束ねて、中間色の目立たない色のシャツを着ていた。あまり表情を変えず、めったに笑顔を見せない。少しいかつい感じがする女性だった。

美和子さんは長野の老舗旅館のお嬢さんで、親が反対した相手と結婚したあと間もなく離婚することになった。その後一人になってからも親元へは帰らず、カナダへ移住する決心をしたのだ。

「親不孝をしました」

あまり感情を表に出さない表情から、親の忠告に逆らった後悔らしい気持ちがほんの少し見て取れた。そしてなぜ親の反対にもかかわらず結婚したのか、いきさつを話してくれた。会社の社員旅行で、宴会の後にどういう成り行きだったかはっきりしなかったが、お酒もはいっていた状態で、職場の男性と関係をもってしまったのだ。

そこで彼女は結婚するしかないと思い込んでしまった。普通、そんな成り行きで結婚とまでは思わないけれど、彼女の生真面目な性格を知っていくと、そういう人なのだと納得してしまう。

「結婚することが、私としての責任の取り方だと思ったの」

美和子さんが通っていたのは、日本人が多くてあまり勉強にならないと言われていたダウンタウンの英語学校だった。日本人同士が集まって日本語ばかり話してしまうらしい。けれど彼女は、ナニーをしながら子ども相手に話す練習をしているので、英会話は少しずつ上達してきたとのことだった。

ナニーというのは住み込みのベビーシッターのことだ。カナダでは十三歳以下の子どもを保護者なしに置いておくと、公的機関に取り上げられるので、ベビーシッターを頼む必要がある。学生アルバイトを雇う家が多いけれど、高所得の家では住み込みのベビーシッターを雇うところもある。美和子さんの雇い主も夫婦ともに弁護士で、一人娘のために彼女を雇っていたのだ。

両親の働いている昼間は子どもの相手をして、そのほかにも掃除や夕飯の下ごしらえなどを手伝うらしく、アッパー・ミドルと呼ばれる中流の上クラスの生活ぶりがわかって面白いと言っていた。それに美和子さんは日本で幼稚園の教員免許をもっていたので、子どもの扱いには慣れており、ナニーの仕事は向いていたのだろう。

「奥さんを見ていると、仕事のできる人は違うなと感心するのよ。何をするのも手際がいいの。だんなさんより頭が良いし、顔もスタイルもいいから、だんなさんは奥さんの顔色を見ながら一緒にいてもらっている感じよ」と、美和子さんはかなりよく観察していた。

あまり共通の話題がなかった私たちは、それでも思い出したようにダウンタウンで待ち合わせて、お茶を飲んだりしていた。

やがて美和子さんはナニーを辞めて、小さな部屋を借りてお弁当の販売を始めた。カナダ人が中華料理だと思って好んで食べていたチャウメンやチャプスイなど、数種類のおかずをプラスチックの容器に入れて、一軒一軒売り歩いているという。

「売れるの?」と尋ねた私に、彼女は答えた。

「けっこう売れる」

老舗旅館のお嬢さんだから、食べ物についてはかなり見る目があるはずだし、ナニーをやってカナダ人の食べ物についても学んだから、売れそうなお弁当を作ることができるのだろう。しかし、美和子さんが一軒一軒家のベルを鳴らして売り歩く姿を想像すると、あまり楽観的に思い描くことはできなかった。

その次に連絡が入った時は、弁当販売をやめてナニーの仕事に戻ったとのことだった。

やはり弁当販売だけで生計をたてるのは難しかったのだろう。

しばらくして、住み込みで入った家の主人と結婚することになったと知らせが入った。母親を失くした六歳の男の子にとてもなつかれたことも、結婚を決意した理由の一つらしい。結婚してから一家はバンクーバー島のビクトリア市に引っ越していき、私たちは連絡を取り合わなくなっていった。

次に私が美和子さんの消息を聞いたのは、彼女が心臓発作で亡くなったという知らせだった。彼女ほど生真面目に一生懸命に生きた人は珍しいと思う。外国で自由に羽をのばしている人を何人か見てきたけれど、美和子さんはあまりにも不器用に一心に思い詰めて生きていて、心臓というより心がオーバーワークになってしまったのではないか。私には彼女の死が、病死というより生きることと真剣に戦ったあとの戦死のように思えてならなかった。


英語学校では様々な国の人たちと知り合いになった。陽気なイタリア人女性や貴族的なメキシコ人、人の二倍も働いているもの静かなベトナム人の好青年もいた。貴金属をたくさん身に付けているイラン人の老婦人は、見せびらかしているのではなく、いざという時に換金できるので、一種の護身用として身につけているのだと言った。個性が強く、楽しい人が多かった。

中でもアユウという台湾から移住してきた女性とはとても仲良しになった。気が合ったというより、彼女が私を親友だと決めたようだった。

授業のあと、アユウはキャデラックを運転し、「あそこの店の大根が十セント安い」と、チャイナタウンまで買いに行った。

私も一緒に行って大根を持ってあげたことがあるけれど、彼女の運転は恐ろしくて、時々目を閉じたくなった。どうしてそうなるのかわからないけれど、助手席の私が車線分離の白線の上にいたりするのだ。あわてて注意すると、アユウは自信をもって答えた。

「大丈夫よ。私はずっと台湾で運転していたんだから」

私は片目を閉じて、白線上にいることなど気にしないようにしていた。

私の考えでは、十セント安い大根を買うためにわざわざチャイナタウンへ行くガソリン代のほうが高くつくと思うのだけれど、アユウにはそういう計算は通じない。彼女の意見では、十セント安いほうが良いに決まっているのだ。

台湾にいた頃のアユウは、毎朝夫と子どもたちを送り出した後、美容院でおしゃべりしたり、雑誌を読んで時間をつぶしていたらしい。家事はみなお手伝いさんたちがやってくれて、アユウのすることはなかった。カナダに来てから始めた家事初心者のアユウに、私は洗濯機に入れる洗剤の適量を教えた。彼女が洗剤を入れるところを見てビックリしたからだが、運転と違って今度はとても素直に私の言うことに従った。洗剤入れの大きな箱がすぐ空になるし、洗濯機のふたから泡があふれているのを見れば、さすがの彼女もおかしいと感じたのだろう。私が計量カップ一杯で充分だと言うと、素直に同意した。

「夫が一生懸命働いてくれているから、節約しないと」

アユウは家中掃除したり整頓して、家族のために働くことが幸せだと言っていた。

アユウと長女のダイアン、そして私の誕生日が近いので、一緒に誕生祝いをしてくれたこともあった。

時々、英文法の復習を手伝うこともあった。少し話せても文法がなかなか理解できず、私があれこれ説明すると、途方にくれたような目つきをする。そのうちお互いに飽きてきて、大体のことがわかれば良いことにして、復習を終わらせる。アユウはなかなか中級から上級に上がれなかった。

その後、アユウの夫がスーパーマーケットを買って郊外へ引っ越したので、めったに会わなくなった。夫の父親が台湾の会社社長なので、支援を受けたのだろう。次に会った時、彼女はベンツを運転していた。あのキャデラックはぺちゃんこにつぶれ、次に買ったBMWもひどく壊れたらしい。

「次はボルボにしたら」と私は言った。車体が頑丈だと聞いていたので薦めたのだけれど、私の言葉はアユウの右の耳から左の耳へ抜けていったようだった。

ベラが経営していたグループホームの住人たちも、個性的だった。

ベラは両親の介護をしながら、老人たちを受け入れて世話をしてきた。一人暮らしが困難になった老人が施設に入るまで、家庭的な雰囲気で過ごせるようにと、このホームを設立したけれど、ベラも年齢的に無理ができなくなってきた。善意だけでは限界があった。

二階の南側に入居していたフランシスという老婦人は、特に手が掛かった。眠ってばかりいて、目を覚ますと昼も夜も大声でベラを呼んだ。そのたびにベラは二階に駆け上がっていったが、ついに限界を感じて、彼女を専門の施設に移すことになった。そこで、六十歳を少し過ぎているらしいフランシスの娘さんを呼んで状況を説明した。フランシスは娘さんの顔を見ても、あまり反応を示さない。そのせいか娘さんもめったに訪ねて来なかったので、ベラの提案にも反対しなかった。

ベラがコンゴの看護学校で教えていたことは知っていたけれど、彼女自身がどれだけ看護師として働いたかは聞いていない。けれど、もし彼女が注射器を持って近づいて来たら、私は逃げると思う。ベラは信じられないほど不器用で、ボタンが取れても直せないほどなのだ。私がボタンをつけてあげたらとても喜んで、今度はレースの取れかかったブラウスを持ってきた。ベラが注射したり採血する場面は、どうしても想像できない。

フランシスが老人ホームに移ったあと、二階の空いた部屋に私が入ることになった。真紅の壁紙の部屋も気に入っていたけれど、今度の部屋はもっと気に入った。

南側の玄関の上の広い部屋には、ウォーク・イン・クローゼットがついていた。窓の前に机を置くと表通りが良く見えて、門を開けて入ってくる人も見えた。反対側には非常口と階段がついていて、裏庭に降りることができた。その手前は小さなサンルームのようにガラス張りになっていて、古い籐椅子とテーブルがあり、暗くなるとそこからダウンタウンの灯りが見えた。夕暮れ時にはそこに腰掛けて、西の空がオレンジ色から少しずつ色を変えていくのを眺めながらコーヒーを飲むのも楽しみのひとつだった。

西側の部屋に一人の若い女性が下宿していた。オードリーというふっくらした丸顔の小柄な人で、何軒かの家を回ってハウスキーピングの仕事をしていると聞いた。仕事の都合なのか、夕食はいつも遅れてキッチンで食べていたので、あまり話すことはなかった。市内に住んでいる母親が時々訪ねて来たが、あまり親しそうには見えなかった。母親は娘を訪ねるのを、むしろ義務のように考えているようだった。

オードリーについては絶対に忘れられない出来事がある。十二月にはいったある晩のこと、夜中に目が覚めると、開いたドアの戸口に、オードリーが立っていた。

彼女の姿は廊下の明かりの逆光の中にあったので、表情は見えなかった。私は驚いて飛び起きた。オードリーは私が驚いているのを見て、戸惑ったようだった。

彼女の姿を見たら誰だって驚く。ネグリジェの上から部屋着を着て、スリッパをはいて立ちつくしたオードリーは、頭にマフラーを巻いて、顎のところで結んでいたのだ。ドジョウすくいやマンガにでてくる泥棒のような頬かむりだった。

「どうしたの?」

笑うのをこらえながら、私は彼女を部屋に入れないように、押し出すようにして廊下に出た。

オードリーは私の視線を避けながら、うつむいた。そしてつぶやくように言った。

「買い物に行こうかと思って」

こんな時間に開いている店などなかった。

「朝になってからにしたら?」と私が言った。

「そうね」

オードリーは素直に部屋に戻っていった。私はそれから目がさえて眠れなくなった。怖くはなかったけれど、気味が悪かった。

それからは毎晩、ドアの内側に椅子を立てかけて眠ることにした。日本家屋のドアは外開きが多いけれど、カナダのドアは内開きが多いので、椅子を内側に立てかけると簡単には開かない。私は机も置いておきたかった。

ベラにそのことを話すと、毎年クリスマスが近づくと精神のバランスを崩す人が多くなるということだった。クリスマス・プレゼントの準備や、パーティやカードなど様々なことを考える必要があって、心に弱さを抱えた人にとっては重荷になるというのだ。

カナダではクリスマスを家族そろって過ごすことが多い。日本人がお正月に里帰りするように、親兄弟姉妹が集まって過ごす家が多く、その輪に入らない人たちは孤独感が深まるのだ。家が遠すぎて帰れない人たちは、友人たちと集まってパーティを開いたりする。オードリーの居場所が母親の家にないならば、ベラの家に居ればよいのだけれど、それでも心が落ち着かず、不安定になってしまうようだ。


ベラは私が寂しさを感じないようにと配慮してくれた。彼女自身は行かない所でも、私を同行するように、マーサや友人に頼んでくれたのだ。

中でも、年に一度の特別なイベントだった。船体をキラキラとライトで飾りつけた数十艘の船が、下流のダウンタウンからゆっくりと川を上ってバーナビーまで行き、Uターンしてダウンタウンまで戻る。赤や緑のライトでいろいろな形をかたどった船を走らせて、どの船が一番か競い合うのだ。すれ違う船はもちろんのこと、川岸から見ている人たちも、それぞれ趣向を凝らした船のイルミネーションを楽しんでいた。

ベラの家から少し北側の川岸に出るとたくさんの船が航行してゆくのが見えるけれど、誰も見に行かない。ジーンなどは湯たんぽを抱えて本を読んでいるほうが良いそうだ。

私はマーサ一家や船上の人たちと共に、クリスマスの讃美歌を歌った。私たちが乗った船はかなり大きく、船内にもたくさんの人たちがいたけれど、デッキの上にも大勢集まって、上流から戻ってくる船のイルミネーションを楽しんでいた。ずっと船外にいたが、寒さは感じなかった。その夜、フレーザー川は光にあふれかえっていた。

また、会ったこともないベラの友人に連れられて、メサイアを聴きに行ったこともあった。日本の年末にはよくベートーベンの「第九」が演奏されるけれど、カナダやアメリカでは、メサイアが演奏される。本当はベラが誘われたのだけれど、私を連れて行くようにと友人に頼んでくれたのだ。

カトリック教会の大聖堂で聴くメサイアには圧倒された。コンサートホールではなく、天井の高い大聖堂での演奏は、響きが違った。聖書の登場人物などを題材にした壁画や彫像などに取り囲まれて聴くメサイアの響きは荘厳だった。

歴史の新しいカナダだけれど、その底にはヨーロッパから引き継いでいるものがたくさんあることを感じた。そして、人々が受けついできたキリスト教文化の歴史とカナダの奥深さを、垣間見ることができた。

ベラの家でもクリスマス・ツリーを飾ったり、人を招いたりして、いつもより忙しかった。ベラのツリーは生きているもみの木ではなく、毎年使える人造の木だった。ベラが倉庫から出してきたツリーを、私も手伝って組み立て、広いリビングにある暖炉の横の大きなガラス窓の前に置いた。市販されているツリー飾りのほかに、ベラはスウェーデンの伝統的な飾りも吊るしていた。

私はダウンタウンへ行って、クリスマス・プレゼントを数点買い集めた。プレゼントをくれそうな人にお返しとして贈るつもりで、いくつかの小品をクリスマス用の包装紙でくるみ、リボンと小さな名札をつけてツリーの下に置いた。家中の人たちが同じようにプレゼントをツリーの下に置いているので、私あてのものが何点か置いてあるのが見えた。私はそれを数えて、開く時を楽しみにした。

カナダは英国連邦に属しているので、クリスマスにはカナダの国家元首であり英国国教会のトップでもあるエリザベス女王のクリスマス・メッセージがテレビで放映される。クリスマス・プレゼントはメッセージを聞いたあとに開けるのだと言われて、朝食のあと、私たちはテレビの前に座った。

英国国教会（チャーチ・オブ・イングランド）は、カナダではアングリカン・チャーチ、アメリカではエピスコパル・チャーチ、日本では聖公会と呼び名が変わる。アメリカは、独立戦争でイギリスと戦ったあと、チャーチ・オブ・イングランドという名前を変える必要があったのだろう。独立戦争で本国と戦うことを嫌ってカナダへ渡ったイギリス出身者たちも、やはり名前を変えることにしたと思われる。

ベラの家にはアングリカン・チャーチに属している人はいなかったけれど、エリザベス女王に対しては特別な思いを抱く人が多い。みな女王が好きだった。

女王は美しいピンクの上品なドレスを着て私たちに語りかけた。

「それぞれの家庭でクリスマス・ツリーを道路に面した窓側に飾る習慣があるのは、家の人たちだけでなく、寒い道を歩く人たちに明るさと暖かさを分け与えるためだ、クリスマスは愛と優しさを分かち合う時だ」

私たちは女王のメッセージに満足して、窓際にあるツリーの下のクリスマス・プレゼントを開いた。

私はこの時、マグカップやタオルセットやイニシャル入りのペン立てなどをもらった。マルガリータは手作りのおサルのぬいぐるみをくれた。男物の木綿のソックスを縫い合わせたもので、赤いベレー帽をかぶり灰色の胴体に赤いパンツをはいて、長い尻尾がついていた。これは新しく下宿してきたドロシーとおそろいだったが、表情が少し違っているので、それぞれ自分のサルだとすぐにわかった。このぬいぐるみは日本に持ち帰ったところ、母がさっさと自分の部屋に持っていってしまった。


クリスマス・シーズンが終わってオードリーの状態が少し良くなったので、私はドアの内側に椅子を立てかけるのを止めた。クリスマス休暇が終わったので、オードリーはまたハウスキーピングの仕事に戻っていた。

ある晩、宿題をしながら机の上の小さなラジオを聞いていた。それほど注意して聴いていたわけではなかったけれど、オイストラッフという名前が耳に入った。ダビッド・オイストラッフによるベートーベンのバイオリン・ソナタが始まるらしかった。私は少しボリュームをあげた。オーディオ・セットを持っていない留学生の身には、嬉しい番組だった。

「やっぱり、オイストラッフはいいな」

宿題を後回しにして、ラジオを聴くことにした。そのうちに、私の耳はバイオリンよりもむしろピアノの音色のほうに向けられた。オヤッと思った。このピアノを弾いているのはオボーリンではないか。ラジオの音をもう少し大きくした。聞き覚えのある独特の音色だ。オボーリンだ。

オボーリンは私が生まれる前に活躍していたロシア人のピアニストだ。生演奏を聴くことは叶わない彼のレコードを、私は可能な限り集めたことがあった。何度も昼食を抜いては、カタログのリストを見て買っていた。いつもあまり食べない夕食を食べているので、母にばれた。

「お昼ちゃんと食べてるの？」と尋ねられた。

「お昼ご飯ぐらい、ちゃんと食べなさい」

そう言って渡されたお金も、レコードに使った。昼食代にもらったお金で買ったレコードを家に持ち込む時は、玄関から静かに入って、急いで二階に駆け上がった。それ程の思いをしてレコードを集めた。しかし、彼の演奏はCDになっていないので、あの時買っておいて本当に良かったと思う。彼の音は他と違うのだ。

「帝政ロシアの大豪邸の高い天井から、真紅のベルベットのカーテンがドーンと掛かっているような響きがする」という私の説明を、ピアノの調教をしている友人が簡単に表現した。

「ベーゼンドルファーの音ですね」

ベーゼンドルファーの響きはあんな音色なのかと思ったけれど、誰が弾いてもあんな音が出せるとは思えない。独特の音色なのだ。コンサートで注意して見ていると、スタインウェイ・アンド・サンズやヤマハなどの名前が多く、ベーゼンドルファーは一度NHKのテレビ番組で見ただけだ。ベーゼンドルファーはオーストリアの老舗ピアノ製造会社のピアノで、とても高価なものらしい。

小さなラジオから聞こえてくるオボーリンのピアノは、苦労してレコードを買い集めた頃を思い出させた。私は日本に置いてきたレコードを改めて思い出していた。最後まで聴いていたら、やはりオイストラッフとオボーリンの名前が告げられた。

カナダは学生に優しい国だ。文房具には消費税がかからないし、白いソックスを買ったときも、「学生用か」と向こうから尋ねてくれた。私が「そうです」と言うと、黙ってその品物には消費税をかけなかった。見ていると子供服にも消費税はかからないようだったが、ワンピースなど値のはる物は、ソーシャル・インシュアランス・ナンバーの記入を求められていた。これは納税者が持っている社会保険番号で、一種の身分証明にもなる。

室内楽の定期演奏会の年会員になったときも、「学生です」と言ったら半額にしてくれた。学校名も証明もいらず、言うだけで良かった。交響楽の定期演奏会は年会費が高かったので室内楽にしたのだけれど、イ・ムジチ（イタリアの名門楽団）でさえ二千五百円ほどで聴けた。有名な楽団もそうでない楽団も心から楽しむ人々を見ていて、背伸びをしない文化の柔らかさを感じた。

春になると、オードリーは二ブロックほど離れたところにあるグループホームへ越していった。ベラの家より少し大きい家で、精神が不安定な人たちがリーダーと一緒に住んでいた。その家からハウスキーピングの仕事に通っているらしく、学校から帰るときに時々出会った。

オードリーの出たあとの部屋には、すぐに新しい人が越してきた。小柄で小太りのキャシーという女性で、おしゃべり好きらしく、私の顔を見るといつもなにかと話しかけてきた。彼女もオードリーのように一人でキッチンの丸テーブルで夕食をとることが多く、食べ終わってもそこに座ったまま、ベラや私たちとおしゃべりをしたがったが、ジェーンは相手になるのがいかにも嫌そうで、さっさと自室に引き揚げてしまった。

キャシーは話し足りないと、私の部屋までやって来た。ある晩、部屋で本を読んでいると、彼女が入ってきた。私の部屋は広かったけれど、余分の椅子がなかったので、キャシーは私のベッドの上に座り、持ってきたプラスティックの容器を見せた。

「今日病院に行ってもらって来た」

円くて平たいその容器は小さく仕切られていて、一つ一つに薬らしいものが入っていた。

「避妊用のピルよ」

彼女は見せびらかすようにピルの容器を振ってみせた。私は意味がわからず、黙っていた。戸惑っている私の顔を見て、キャシーは意味ありげな笑いを浮かべた。

「用心のためよ」

彼女の説明によると、以前レイプされた経験があって、それ以来ずっとピルを飲み続けていたのだ。

「これを飲んでいれば、何かあっても大丈夫だからね」

私は何も質問しなかった。

以前集団でレイプされた女性に会ったことがあるけれど、心の傷は想像を絶するものだった。時々すさまじい怒りの発作がおきて、感情をコントロールできなくなった。そういう時には、傍にいる人だれかれかまわず、怒りと憎しみを向けていた。私はその人の心の傷を受け止めきれず、遠ざかってしまった。

キャシーがいつも手放さないというピルは、一種の精神安定剤の役割を果たしているようだ。一見すると彼女の心は、過去の恐怖や憎しみよりも、今後の用心に向けられているようだった。おそらく、良いカウンセラーにめぐり合えたのだろう。


夕食の片付けを手伝った後、時々老婦人と共に時間を過ごすことがあった。その間ベラは手紙を書いたり書類の整理をしていた。私には三人の面倒を見るのは大変なので、一人は早めにベラがベッドへ連れて行き、ベスとパトリシアだけリビングルームに残されて、ベッドに行くまでの時間を過ごした。

カナダの夏はサマータイムで一時間早くしてあるけれど、九時過ぎまで明るい。夕日の当たるリビングルームのカーテンを閉めて少し暗くし、コーナーにあるフロア・スタンドの照明を調節して落ち着いた明るさにした。

眠る前に心を落ち着かせようと少し薄暗くするのだけれど、逆にメランコリックになって悲しくなったりする時がある。いつもではないけれど、そういう時は、スコットランド民謡のレコードをかけて一緒に歌った。アニーローリーやロンドンデリーの歌は、ベスが悲しくなると繰り返し何回も歌った。気難しいパトリシアは私にはどうしようもないので、ベラが早くベッドに連れて行ってくれるのを待った。

ベスにはへんな癖があった。トイレットペーパーを袖口や胸元、パンティのウエストなどに挟んでしまうのだ。気分が落ち込むと特にひどくなって、ソファに座ったとおもうとますぐ立ち上がってトイレへ行き、ペーパーを千切って持ってくる。手の中で小さく折りたたみ、口元や目尻を拭いて、またトイレに取りに行く。彼女が座った後のソファには、そんな紙切れがはさんであったりするので、クッションの隙間をチェックする必要があった。ベラは一階のトイレのペーパーホルダーには少し巻き取った分だけを入れていて、私たち用のペーパーは棚の上に隠してあった。

ある晩、気難しいパトリシアをベッドに連れて行ったことがあった。ベラが風邪気味で、早く自室に引き取ったのだ。私はパトリシアを部屋に連れて行って、ネグリジェに着替えさせた。着替えている間中、パトリシアはぶつぶつ何か言っていたけれど、私には何を言っているのかわからなかった。どうせ悪いことを言っているに違いないと思って、聞き流した。

ベッドに寝かせて毛布をかけ、ついでにその上から幼児にするようにトントンと軽く叩くと、パトリシアはおとなしく目を閉じた。私はサイドテーブルの上にある電気スタンドを点けて部屋の照明を消し、ベッド脇の椅子に座った。パトリシアが眠りそうになったら、部屋から出ていこうと顔を見ると、彼女は目をぱっちりと開けて私を見ていた。そこで、また胸の辺りを軽くトントン叩いた。しばらくそうしてから手を止めて様子を見ると、彼

ベラ（中央）とベス（左）

女は片目を薄く開けて私を見ていた。いつも文句ばかり言うパトリシアが、私がまだいるか様子を窺っているのを見ると、なんだか可愛くなってしまった。私はもう少しトントンしていようと思った。

　ベラは音痴だとジーンから聞いたことがある。そのベラが、パトリシアのベッドの横で何かの歌を歌ったときに、パトリシアの言った言葉を聞いて思わず笑ってしまった。

「こんなメロディ、聴いたことない」

　認知症になっていても、耳に染みついたメロディは最後まで覚えているらしく、ベラの少しはずれた音程が、パトリシアには耳新しく聞こえたのだ。知っているメロディと違っているので、遠慮なく言ったのだろう。彼女が気難しそうな顔でベラの歌を聴いている様子が目に浮かぶようだ。

それ以来、ベラは誰の前でも歌うのを止めてしまった。時々、老人たちのためにオルガンを弾きに来るベラの友人がいるけれど、ベラは私たちと一緒に歌おうとしなかった。クリスマスの讃美歌を歌っている時も、声を出さずに言葉に合わせて唇を動かすだけだった。少しくらい音程がずれても歌えば良いのにと、歌が好きなのに歌えないベラを気の毒に思った。

ベラはアイスクリームが大好きで、彼女の作るベイクド・アラスカにはいつも興奮させられた。ガチガチに固まった何種類かのアイスクリームを盛り上げて、卵の白身をホイップしたメレンゲで被い、ガンガンに熱したオーブンで手早く焦がす。メレンゲにうっすら焦げ目がついたら急いでテーブルに運び、アイスクリームが溶けないうちにお皿に取り分ける。

アイスクリームはバニラかチョコレート、ストロベリーのうち二種類ほどが取り分けてもらえる。三種類が入っていることもある。メレンゲのシャリシャリしたところと、アイスクリームが口の中でまざりあって溶けてゆくのが絶品だ。作るベラも食べる私たちも、気合いが入った。

ベイクド・アラスカが出るのは、特別な日に限られていた。私たちは年に数回ある特別の日が楽しみだった。

ベラの家から三軒隣にあるバウンダリー・ロードの坂を下りると、ヘイスティング通りの角にバスディーポと呼ばれるバスターミナルがあって、市内を走るバスが多数発着していた。バンクーバーの市街地図には各バス路線の番号が載っているので、番号を見れば行きたいところへ簡単に行くことができた。「乗り換え切符をください」と言えば、小さな紙切れをくれて、違う路線バスに乗り換えられた。

市内を走るバスはトロリー・バスが多く、時々屋根の上のパンタグラフが外れると、運転手が長い棒を持って降りていき、外れたパンタグラフを直した。

ラッシュアワーに乗ったことがないせいか、バスではたいてい座ることができた。ある時などは、急に停まったバスから降りた運転手がゴルフボールを拾ってきたこともあった。でも乗客は「うまくやったね」という顔で運転手を迎え入れ、怒る人はいなかった。バンクーバーは大都会というより、大きいけれど美しく、のどかな町だった。

しかし、どんなにバス路線が便利でも、やはり車があったほうが便利だ。私は日本を発つ前に有効期間一年のインターナショナル・ライセンスを取得しておいた。その有効期間中に手続きをすれば簡単に現地の免許証に切り替えることができたのに、多少ずぼらなところがある私は、その手続きをしておかなかったのだ。

ある時、松尾さんという人の引越しを手伝うことになって、あわてて免許証を取りに行った。レンタカーのトラックで引っ越す予定だけれど、荷物が多くて一台では積みきれないので、私にもう一台運転して欲しいと頼まれたのだ。松尾さんは私をベラに紹介してくれた人なので、断れない。引越しの日は決まっていて、私は大急ぎでカナダの運転免許証を取りに行った。

筆記試験はとても簡単だった。あとは実技だ。私は左ハンドルの車を運転したことがなかったので、本当なら何回か教習所に通って練習するべきだったのかもしれない。しかし、時間がなかった。引越しの日が迫っていたのだ。日本で運転していたのだからと、直接試験場で実技試験を受けた。

試験官は私が東京で運転していたと聞くと、よりいっそう厳しく採点したようだった。「東京の運転は危険だ」とまで言って落第にされてしまった。仕方なく、翌日また受けようとしたら、次に試験を受けられるのは二週間後だと言われた。それでは引越しに間に合わない。そこで、試しに隣町のニュー・ウェストミンスターまで行って申請してみた。バンクーバーではだめでも、隣町なら受けられるのではないかと思ったのだ。新たに筆記試験と実技を受けて、私は運転免許証を獲得した。今度は、東京で運転していたことは言わなかったし、もちろん午前中にバンクーバーで試験に落ちたことも黙っていた。このいきさつを皆に報告すると、ジーンは大笑いしていた。

こんな苦労をして取った運転免許証だったけれど、結局私は引越しトラックを運転することはなかった。免許取り立ての人にトラックを運転させてロッキー山脈を越えるのは危険だと、松尾さんの知り合いの男性が手伝うことになったのだ。せっかく取った免許証だったので、少しがっかりしたけれど、ほっとした気持ちもあった。

免許証を手にしてから半年ほどして、私は知り合いから中古車を譲ってもらった。手放したいと聞いて安く売ってもらったのは、オレンジ色のフォードだった。それから帰国するまで、私と修理店との長い付き合いが始まった。いずれ日本に帰るつもりなので新車は買わずに、中古車を何台か買い替えたけれど、どの車も故障が多かったのだ。車を色や形で選んだ私にも責任があったのかもしれない。フォードもG・Mもフィアットも、みな見かけは素敵な車だった。けれど、機械には問題が多かった。

ある日、英語学校で知り合った日本人に誘われて、長老派の教会へ行った。その教会では日曜礼拝の後、ボランティアが英会話を教えているというのだ。アングリカン・チャーチや合同教会は鐘楼のついた大きな石造りの建物が多かったけれど、その教会は新しく建てられたもので、ステンドグラスも明るい現代的な図柄だった。また古い教会には必ずといってよいほどある、付属の体育館がなかった。それだけの敷地がなかったのか、必要ないと考えたのか。その代わり教会堂の隣には、絨毯が敷き詰められた広いホールが建っていた。

カナダの大抵の教会では、礼拝後に体育館や地下室へ移って、皆でコーヒーを飲む習慣がある。私たちは皆がコーヒーを飲んでいる地下室の片隅にテーブルと椅子を並べて、簡単な英会話の練習をした。元教師だった女の人がテキストを用意してくれたけれど、専門家ではないので、あまり効率は良くなかった。少しもの足りなく思ったけれど、とても親切なので続けていた。

私がその教会に通っていたのは、英会話の練習の他に、牧師さんの話がわかりやすかったこともあった。子どもの頃一家でハンガリーから亡命して来たというメッツガー先生は、小さい頃はとても苦労したらしい。ネイティブの人に早口で話されると聞き取れなかったけれど、ゆっくり発音するメッツガー先生の話は内容もとてもわかりやすかった。

私の祖母はチャキチャキの江戸っ子で、〝ひ〟と〝し〟の発音がめちゃくちゃだった。それを聞いて育ったせいか、私も〝ひ〟と〝し〟がまじる癖があった。東が〝しがし〟に、捻るが〝しねる〟になってしまう。英語でもHEとSHEが入れ替わることがあって、気をつけていた。

時々言い直している私を、メッツガー先生は、ハンガリーから来た人にも同じような難しさがある、と慰めてくれた。子供のころ苦労したはずだけれど、少しもそんな様子には見えない。先生は「風と共に去りぬ」のクラーク・ゲーブルの髪を白髪まじりの茶色にしたような感じの、とても紳士的な人だった。

メッツガー先生は考古学が趣味で、何度もイスラエルに行っては、いろいろな物を収集していた。土器の破片や、エジプトの象形文字が描かれたパピルスもあった。複製品もあったが、中には本物もあるようだった。

先生はそれらの遺物を教会堂の隣にあるホールに「聖地博物館」を作って展示しようとしていた。ホールの壁面が二重構造になっていて、壁面を開けると飛び出す絵本のように展示物が出てくる仕組みだ。先生は一つ一つ扉を開けて中を見せてくれた。扉の中から出てきたものは、旧約聖書時代から新約聖書時代のものまでわかりやすく展示されていた。これだけのものを集めるためにどれほどの時間と根気が必要だったかと、展示品の内容と量に感心し、先生の熱意に圧倒された。

先生の博物館は最後の仕上げ段階にきていた。私はその展示品にラベルを貼る手伝いをした。注意深く作業したつもりだったのに、残念なことに、スペルを一つ間違えてしまった。見た人はすぐ間違いに気づくに違いない。どうしようと慌てる私に、先生は笑顔で言った。

「大丈夫。かまいませんよ」と、そのままラベルを貼ってくれた。

ようやく完成し、すべての壁面を開けて人々に公開した時、ライトアップされた展示物は、いっそう引き立って見えた。教会の人たちも全部見るのは初めてだったので、数の多さと内容の豊富さに驚嘆していた。私はスペルを間違えたことは黙っていた。

その後、先生の聖地博物館は大きな写真入りで新聞に紹介された。ちょっと手伝っただけだったけれど、それでも自分が関わったことが誇らしかった。それにしても、今でもあのラベルはそのまま貼ってあるのだろうか。それとも先生が貼り替えただろうか。バンクーバーを離れてからは、なかなか訪ねる機会がなく、確かめられないままになっている。

私は自分でも感心するほど出不精な人間で、行きたかった映画や美術展など、ずいぶん見逃している。どうしても見逃したくない時は友人と約束をして、そのために出かけるよう、自分を押し出すこともあった。

それがカナダの気候風土のためか、バンクーバーに来てからは、出不精だったなんて誰も信じないほど、身軽に出歩くようになった。バスに乗るのも便利だったし、中古車を手に入れてからはもっと行動半径が広がった。外出どころか、引越しもした。

ベラの家にいれば食事が付いているので楽だけれど、部屋を借りて一人暮らしをすることにしたのだ。大学からさほど遠くない地域には、小さなキッチンとバス・トイレ付きの部屋を学生用に貸して、引退後の生活の足しにする家がたくさんあった。電子レンジや電気コンロ、冷蔵庫、そして鍋やフライパンまでも備え付けられている部屋も多い。

日当たりが悪かったり、大家さんが意地悪だったりして、何回か引っ越したけれど、ついにとても良い部屋を見つけることができた。静かな住宅街の、窓から海岸が見える二階の部屋で、海洋博物館のすぐ近くだった。地下室にはベトナムから亡命してきたという初老の男性が住んでいて、年をとった大家さんをいろいろ助けていた。買い物にいく時はその人が車の運転をし、庭の手入れもしていた。

私の部屋にはネコ足の付いたホーロー製のバスタブがあって、蛇口も古風な取手が付いていた。学生用なので、大きな机と椅子もあった。古い鉄製のベッドとサイドテーブルもあり、必要な家具はすべて揃っていたが、私は古道具屋で本箱や引き出しを買い足した。

ベラはこれから一人暮らしを始めようとしている私に尋ねた。

「お料理、できる?」

「少しできる」

そう答えようとして、私は考えた。「少し」という言葉はどの程度を意味するのだろうか。

この言葉にひっかかって、私は中学一年生の夏に溺れそうになったことがあった。学校の水泳大会の参加者を決める時、私は「少し泳げる」と言ったのだ。私の「少し」は十メートルくらい泳げる、という意味だったのに、クラスの皆は「少し泳げれば大丈夫だ」と、私の出場が決まってしまった。「本当に少ししか泳げないから、ダメです」と言ったのに、皆は「大丈夫、大丈夫」と決めてしまったのだ。

今なら仮病で休むという手もあったのに、中学一年生の私にそんな発想は思いつかなかった。クラスの皆が、出場者が決まって喜んでいるのを見ると、もう逃げられないと思ったのだ。十メートル程度しか泳いだことのない人間が、いきなり五十メートルプールのスタート台に立った時の恐怖は、「ワーッ、どうしよう」の一言だった。

私は顔に水がかかると、立ち上がって水滴を拭いてからでないと泳げない。当然飛び込み台から水に飛び込むこともできない。スタートから差がついてしまった。飛び込んだ人たちはドンドン先を泳いでいき、私はプールの壁を蹴って、彼らの後を必死に泳いだ。そしてプールの中ほどまで泳いだところで、疲れてしまった。水をバシャバシャかき回しても、体が少しも前に進まなくなった。水も飲んだ。もう駄目だと思ったそのとき、プールサイドで両手を振り回して、何か叫んでいる担任の先生が見えた。

先生がピョンピョン飛び上がるたびに、長いポニーテールが頭の後ろから跳ね上がって見えた。私はそれを見ながら、文字どおり必死に泳いだ。先生があれほど懸命に応援してくれなかったら、溺れていたかもしれない。

ようやく五十メートルを泳ぎきった時には、皆とっくに水から上がっていた。先生はプールから私を引き上げて、「よくがんばった」と言って背中をなで擦ってくれた。

「だから、ちょっとしか泳げないと言ったのに」と私は小声でつぶやいた。

翌日、クラスの人たちは水泳大会のことは一言も口にしなかった。なんとなく私に悪かったと思っているようだった。私も少し恥ずかしかったので、何も言わなかった。もちろん、翌年の水泳大会に私は出場しなかった。

それ以来、私は「少し」と言うときは慎重になる。本当は「少しくらい」料理はできた。それでもちょっと考えてからベラに言った。

「ほとんどできない」

ベラはその言葉を文字どおりに受けとめた。そして私のために七枚のレシピカードを作ってくれた。

「七枚あるから、これを毎日作れば、一週間は大丈夫。これを繰り返せばいいわ」

ベラが本当に心配してくれていたので、何だか後ろめたい気がした。少しはできると言うべきだったのだろうか。

言葉どおりに理解するカナダ人と、幅をもたせて解釈する日本人の違いを感じさせられた。日本人にほとんどできない、と言っても、少しはできるはずだと受け止められると思う。

カードを受け取って見ると、中には難しそうなレシピもあった。大人数の料理と一人分の料理は違うし、私は手間暇かけて美味しいものを作って食べるより、簡単な食事で済ませたいほうなので、面倒な料理を毎日作る気はしない。でもベラを安心させたくて言った。

「これがあれば、大丈夫です」

私の返事は、日本人的な言い方だった。本当に大丈夫かと問われれば、大丈夫ではなかった。七枚のカードを毎日利用するのはほぼ不可能だった。けれど、ベラの好意はありがたかった。

私は料理に時間をかけないかわりに、同じ物を毎日食べても平気だ。簡単にできさえすれば、それほど美味しくなくてもかまわない。友人に教わってグランビル・アイランドのマーケットへ行き、首の骨が付いているニワトリの半身を買ってきて、野菜と一緒に煮た。グツグツ煮込んで充分にスープがとれてから骨や皮や脂を捨てた。そしてセロリや玉ねぎ、ニンジンなどを加え、トマトの缶詰で味付けをした。このスープは一度作ると昼も夜も毎日食べた。ミートローフやキャセロールも時々作った。

パサパサしたコーンブレッドが好きで、よく焼いた。米や醤油は持っていなかったけれど、少しも困らなかった。天ぷらが食べたい時はフィッシュ・アンド・チップスを食べに行ったし、カレーライスが食べたければチリビーンズがある。ラーメンが食べたくなって、友人とダウンタウンへ行ったら、洗面器のような大きな器に入ってきてびっくりしたこともある。

心配してくれたベラを安心させるために、夕食に招いたことがあった。ジーンとドイツから来たエレナも一緒だった。もしかしたら日本料理を期待されていたかもしれないけれど私は米も醤油ももっていなかった。

カナダで手に入る材料でつくったメニューは少し自信のあるものばかりだ。サラダには緑色のジェリーに細かくきざんだセロリ・人参・パイナップルの缶詰を入れて固めたジェリー・サラダを用意した。コーンブレッドも焼いた。ひき肉入りのキャセロールは私の簡単な得意料理だ。デザートには友だちに教わったばかりのアップル・クリスピーにアイスクリームをのせた。

どれも好評だった。ベラはアイスクリームがのっていれば、多少難があっても美味しいと思ってくれる。ベラたちが私の料理を食べて一応安心したようなので、私もほっとした。こうして私は、料理が「ほとんどできない」から「少しできる」に格上げされた。

一人暮らしを始めた私に、ある人から忠告があった。

「玄関近くに古いカメラや時計、二十ドル程度の現金も置いておく。泥棒が入った時、すぐ目に留まる所にあれば、中まで侵入せずに、それらを取って行くであろう。盗む物が見当たらないと、ソファーを切り裂いたり、冷蔵庫の中味をばらまいたりされ、後片付けも大変だし、被害も大きくなる。刃物は絶対に隠しておくこと」

私は二階に住んでいて、大家さんがいつも在宅しているので、ここまで用心する必要はないけれど、犯罪を誘発させることは避けるという基本を教わった。盗みたい気持ちを起こさせないために、人目のある所で財布の中味を見せてはいけない。アメリカで四十ドルを要求された日本人観光客が断って射殺された事件があったけれど、日本で暮らす感覚とは異なる対処が必要になる。犯罪の少ない、バンクーバーのような安全な街でも、人々は万一のことを考えて生活している。カナダの生活習慣などの理解を深めながら、注意してゆこうと思った。

2. 二〜三年のつもりが十年間

それから私はいろいろな所に住み、いろいろな人と知り合った。日本人がめったに行かない所にも行った。本当にたくさんの経験をしたので、そろそろ日本に帰ろうと日本に送る荷物の準備を始めた頃、思いがけない送金があった。母が「帰国する前に観光を」と言ってくれたのだ。

母は外国で一人暮らしをしている私を心配して、それまでにも何回か送金してくれていた。母は私が経済観念に乏しいと思っているけれど、カナダに来てから出不精ではなくなったように、私はかなり節約家になっていた。日本から持ってきた米ドルのトラベラーズチェックの半分は、まだ手をつけずに残っていた。

思いがけない送金にさて、どうしようかと考えた。世界中から観光客が訪ねてくるバンクーバーに住んでいながら、観光するといってもあまりピンとこない。ダウンタウンへ買い物に行ったついでに、近くにある有名なガスタウンへは何度も行った。そこで日本から来た知人にバッタリ出会って、お互いに驚いたこともあった。一組は家族連れで、もう一組はグループ旅行で、何人かは私の下宿先へ訪ねてきた。ひと夏に十人も日本から来た知人に出会うなんて、やはりバンクーバーは魅力的な観光地なのだと感心させられた。

バンクーバーは朝早く釣りをして、午後はゴルフ、夜はスキーと言われるほどレジャーに恵まれた所だけれど、私には興味がなかった。スタンレー・パークやクイーン・エリザベス・パークへは、ベラと老婦人たちを連れてピクニックに行った。ベラの家を出てから下宿したキツラノ・ビーチは、歩いて数分で海水浴場とプールがあった。海洋博物館は下宿の二階の窓から見えたし、窓の下には観光バスが停まった。観光と意識しなくても、なにかのついでにいろいろなスポットに立ち寄っていたのだ。

はっきり観光旅行と言えるのは、カナダへ来てすぐに英語学校のクラスメートたちと行ったショート・トリップだ。カナダに来たばかりの人たちのために学校が企画してくれて、クラスメートと一緒にロイヤル・ハドソン号という蒸気機関車に乗って、ブリティッシュ・コロンビア州西部の海岸線を北上した。古いけれど内部の木造部分がピカピカに光っている蒸気機関車で終点まで行き、そこで持参したお弁当を食べて、待っていた蒸気機関車に乗って帰るという、のんびりした旅行だった。

車窓から見えた海は太平洋ではなく、本土と少し離れたバンクーバー島との間にある内海といえるもので、小さな島がたくさん点在していた。その時は、後にバンクーバー島へ行くことも、名も知らぬ小島の一つで二ヶ月間過ごすようになることも、想像もしていなかった。

バンクーバー島へは知人に頼まれて同行したのが最初の訪問になった。何回か招かれて、和食をごちそうになった若山さんの奥さんに頼まれた時だった。車の運転ができない若山さんに、車付の運転手として頼まれたのだ。若山さんの知り合いが日本から来ていた時、若山さんの夫が仕事で行けないので、車を持っていた私を誘おうということになったらしい。面倒だと思ったけれど、引き受けた。私たちはトゥワッセンからフェリーに乗ってバンクーバー島へ渡った。

ＢＣ州の州都ビクトリア市の夏はとても美しかった。街中にハンギング・バスケットが吊り下げられていて、色あわせの良い花が鉢から垂れ下がるように咲いていた。ビクトリア女王の名前をとって名付けられた州都は、いかにもブリティッシュといった感じのする建物が多かった。

私には行きたい所はなかったので、日本から来た夫人の希望にしたがって、まずはブッチャート・ガーデンへ行くことになった。その公園内にある日本庭園が有名で、日本で観光案内を調べて来たらしい夫人はぜひ見なければと思い込んでいるようだった。私たちは広い公園の中をあちこち歩いて日本庭園を探した。そこはカナダ人が考えた日本庭園という感じで、私としてはちょっと違和感があったが、夫人は日本から遠く離れたカナダで見る日本庭園に感動したようだった。

そこからまたダウンタウンに戻って、フェアモント・エンプレス・ホテルへ行った。お城のような立派な建物で、できれば泊まってみたいと思うほどすてきな外観をしていた。カナダに住んでいる若山さんや私よりもよく知っている夫人の説明によると、宿泊しなくてもアフタヌーン・ティーが頂けるということだったけれど、残念ながら予約が必要だっ

ビクトリアの街並み

た。

その次は歩きながら見つけた博物館に入った。他に行く当てもなかったので入った博物館だったけれど、カナダの歴史的変遷が見て取れるように展示されている。品物を並べての展示ではなく、等身大の人形を用いて再現してあった。以前はカナダ・インディアンと呼ばれた先住民の展示物も多かった。部族ごとに異なった模様の衣装を着た人形が置かれていて、先住民の多様さも見て取れた。また魚や動物を文様化したトーテムポールも飾ってあり、それぞれが示す意味についての説明もあった。

考えてみればカナダは比較的若い国で、ビクトリア市も二百年足らずの歴史をもつ殖民都市だ。日本やヨーロッパのような歴史的な遺物が少ないので身近な物を展示している。さらにさかのぼってマンモスの巨大な縫いぐるみも展示していた。これには驚いたが、展示方法の巧みさで、見る者に好意的な感動を抱かせる。博物館がこんなに身近で楽しい場所とは知らなかった。もう一度ゆっくり見て回りたいと思わせる所だった。

テラスのあるレストランで昼食のフィシュ・アンド・チップスを食べ、ついでにトランス・カナダ・ハイウェイのゼロポイントにも行ってみた。

東海道の出発地点が日本橋であるように、カナダを横断しているハイウェイの出発地点が、ビクトリア市のこのゼロポイントだ。私はマイル・ゼロ・ビクトリア・BCと記されたゼロポイントのモニュメントをカメラに収めた。ここからナナイモまで北上したトランス・カナダ・ハイウェイは海を渡って、ホーシュウベイから陸路をトロントやモントリオールのある東部へと続いている。

中年女性二人を乗せて、地図を見ながら運転するのはかなり疲れる。おまけに日本から来た夫人はテンションがあがって、しゃべりっぱなしだった。そして突然思いついたように尋ねた。

「まだお一人？　決まった方はいらっしゃらないの？　ぜひお世話したいわ。どちらの学校？　お父様のご職業は？」

善意のかたまりのような笑顔で立て続けに質問され、私は思った。「余計なお世話だ」。そしてこうも思った。「当分日本には帰るまい」と。

翌年の夏、私はもう一度フェリーに乗ってバンクーバー島に渡った。その時はビクトリア市には寄らず、バスでナナイモからキャンベルリバーまで北上し、小さなフェリーに乗ってクアドラ島というキング・サーモンの漁場で有名な島へ渡った。

先方には連絡していないのに、フェリーの船着場にはキャンプ場のディレクターが迎えに来ていた。その日がキャンプ場のボランティア・ワーカーたちの集合日だったので、一時間ごとに到着するフェリーを待っていたのだ。私は二名のボランティアと共にディレクターの運転する車に乗せられた。キャンプ場は海岸線からかなり島の内部に入った所にあった。背の高い針葉樹林を通り抜け、雑木林の中を少し走ると、野菜畑の向こうに大小の建物がいくつか建っていた。私はそのキャンプ場で七月と八月の二ヶ月間をボランティアとして過ごした。

四ヶ月以上ある学校の夏休みをどうやって過ごそうかと考えていた時、キャンプ場のディレクターがボランティアの募集に来た。他にもいくつかのキャンプ場から募集の説明があった。どのキャンプ場も自然に恵まれた土地にあったけれど、クアドラ島はバンクーバーからそれ程遠くなかったことと、小さな島で美しい環境がそのまま残されているらしいことが魅力だった。そして何よりも他のキャンプ場にはなかったキッチン・ヘルパーの募集が私には向いていると思えた。

ワンパクざかりの子どもたちを相手にするには、私の英語力ではかなわないと思ったのだ。早口でまくしたてられると聞き取れないし、スラングもわからない。キッチン・ヘルパーなら何とかできそうだと思って応募したら、受け入れられた。二ヶ月働いて四十ドルもらえるということで、就労ビザが必要になった。学生ビザから就労ビザに変更するには、一度カナダ国外にでなければならず、一番近いアメリカのシアトルまでビザを変更しに行った。そして寝袋と懐中電灯を持ってキャンプ場にやって来た。

日本の夏季学校は学校単位で海や山への校外活動が行われているけれど、カナダでは学校とは関係なく、個人がキャンプ場を選んで参加している。日数は月曜日から土曜日までの六日間が多く、参加費用はまちまちだった。

キリスト教文化の根づいたカナダでは、教会主催のバイブル・キャンプが国中のあちらこちらで開かれている。宗派によって設立された大掛かりなキャンプ場もあるし、神学校のキャンパスを夏季キャンプ場として利用する所もあった。キャンプ場の専属スタッフは少人数で、夏の間だけ学生たちがボランティアとして働く所が多い。学生たちにとって長い夏休みの中の二ヶ月間をキャンプ場で働くメリットは幾つかある。

まずほとんどのキャンプ場は美しい地域にある。大自然に囲まれた場所で夏を過ごせるのは魅力だ。学校によっては単位をくれるところもあるらしい。そして何よりも、リーダーシップを身につける絶好の場所でもあった。七名から十名の子どもたちをまかされて、朝から寝かせるまで世話をするのは大変だ。この経験は近い将来、学校の先生を目指している学生にとっては、良いリーダーシップのトレーニングになる。そのため大学卒業まで毎年ボランティアとして参加する学生が多い。

私が参加したクアドラ島のキャンプ場は参加費が他のキャンプ場の倍以上高かったので、親が弁護士や医者などの高額所得者の子どもが多かった。そのせいか子どもたちは贅沢で、ちょっとなまいきだった。子どもの数は週によって七十五人から百二十人ほどで、毎年やって来る子どもも多い。中には数年後に大学生になってからボランティアとして帰ってくる子もいる。学生たちにとっても子どもたちにとっても、クアドラ島は他にはない魅力がある場所だった。この年集まった学生ボランティアは二十数名で、初めて参加する学生よりリピーターの方が多かった。

キャンプ場にはディレクターのジョージのほかに事務担当のマージョリーとトレボーというちょっと変人のコックさんがいた。その他に昼と夕方に手伝いに来る少し太ったアシスタント・コックのキャロルがいた。

キャンプ場の近くには必要な時に手伝ってくれる人たちが住んでいた。彼らは下水設備の修理や物資の運搬などの手助けの他に、キング・サーモンを大量に届けてくれたりした。

私の学校にボランティア募集に来たのはジョージだった。ジョージは毎年集まってくる学生たちを二人一組にして、七人から十人ほどの子どもたちをまとめるグループ・リーダーとして受け持たせた。グループ・リーダーをまとめるキャンプ・リーダーはヘンリーといい、とても統率力のある学生だった。四年生の彼は今年が最後の参加になるということだったが、卒業して社会に出ても、きっと立派にリーダーシップを発揮するに違いなかった。彼はディレクターと相談しながら、毎日の活動の指揮をとった。他の学生たちも彼の指導力を信頼して、彼に従うという雰囲気がすぐにできあがった。

初めの一週間は私たちのオリエンテーションだった。私たちがキャンプ場に慣れるためもあったが、これからやって来る子どもたちを受け入れるために、施設の準備をすることもかねていた。

まず一日の流れやルールを確認し、部屋割りが行われた。大きな建物の二階の一部屋に七人から十人ほどの子どもたちが入り、それぞれの部屋でグループ・リーダーが一緒に寝起きすることになっていた。各グループには正副二名のリーダーがついた。一階は食堂と集会室、その横にかなり本格的なオープンや食器洗い機や大きな冷蔵庫があるキッチンがあった。さらにその奥には冷凍室が二つもあった。一つは毎日使うものが入っていたが、もう一つには大量の冷凍野菜や大きなキング・サーモンがごろごろ入っていた。

私はキッチン・ヘルパーなので隣の小さな建物に寝泊まりすることになった。乗馬担当のジェニーと同室だ。私は朝食準備のために早起きしなければならなかったし、ジェニーも馬の世話をするために朝が早いので、別の建物に入れられたのだ。ジェニーは赤毛の大

カヌーでアウトドア・トリップのキャンプ場へ

柄な女性で、ソバカスのある陽気なアメリカ人だった。彼女はテンガロン・ハットと乗馬ブーツを持参していた。彼女も今年で卒業するらしい。

乗馬訓練はオプションなので別料金が必要だったが、子どもたちに人気があって、毎年楽しみに参加する子どもが多い。馬は十数頭いて、ジェニーは訓練後も馬の世話で忙しく、私たちはめったに顔を合わせることがなかった。

まず初めに一通りの説明があった後、私たちは全員でアウトドア・トリップの準備に入った。キャンプの参加者たちは三日目から二泊三日の野外生活を送ることになっていた。このキャンプ場も充分アウトドアだけれど、さらに奥地の電気も水道もない所でキャンプするのだ。子どもたちがやって来る一週間前に、私たちボランティア・ワーカーが野外キャンプ場の設備を整えなければならなかった。

初めて参加する私は状況が良く飲み込めないままに、寝袋と水着と洗面道具などをバッグに詰め込んで出発した。川のように細長い湖にくると、ライフジャケットを着て大きなカヌーに乗るように言われた。岸辺の水際まで木が生えていて、船着場などはなかった。カヌーに乗る所が少し木々が切り払われて空き地になっているだけで、水際に浮かんだカヌーに直接跳び乗った。

木造の大きなカヌーには二本ずつオールがついていて、それぞれ二人か三人ずつ分乗して漕ぎ出した。二本のオールを持つ前と後ろの力がつりあわないと、カヌーの進行方向が曲がってしまうので、バランスを取りながら、もち手を左右に換えたりして前に進んだ。

馴れている人たちのカヌーは速かった。私もかなり頑張ったけれど、やはり後ろの方になってしまった。同乗者たちは、競争ではないからゆっくりいこうと言ってくれた。もっとも私がオールを持った時間は短かった。

ようやく木立が開けて雑草の生えた岸辺にカヌーを着けた。しかし目的地に着いたと思ったのは間違いだった。皆は岸に跳び移ってからカヌーを引き揚げ、自分たちの荷物をもつと、カヌーを頭の上に載せて歩き始めた。覆いかぶさってくる林の木々を押し分け、丘を登り、細い下り道を滑り降りた。私はオール二本を抱えて歩いた。大きなカヌーを担いで山登りなんて、皆どうかしていると思いながら、両側から顔に覆いかぶさってくる小枝にぶつからないように歩いた。

カヌーでもカヤックでも水に浮かべて使う物を、なんで頭に載せて歩くのか、訳がわからなかった。グループ・リーダーたちが説明を受けていた時、キッチン・ヘルパーの私は同席していなかったからだ。キッチンにも仕事はたくさんあった。

登ったり下ったりしてようやくたどり着いた目的地は、木々が切り払われ、雑草が刈り取られて、赤土が見えていた。その先に見える小さな湖の岸辺に、担いできたカヌーを下ろした。私たちが行く前に、誰かが草を刈り取っておいたらしい。

その近くまでキャンプ場から車の通る道があるらしく、林の中にはすでにたくさんの荷物が置いてあった。私たちが頭の上に載せて運んだカヌーは、長すぎてトラックに乗らないのか、それとも私たちのトレーニングも兼ねて運ばされたのだ。

まず男子のグループ・リーダーたちは穴を掘って組み立て式のトイレを建てた。毎年使用する設備らしく、木材を組み合わせると丈夫そうな床板に便座やドアがついたちゃんとしたトイレが完成した。トイレット・ペーパーを引っ掛ける針金もきちんと取り付けられた。三つの便座があるトイレの横に、男子用のものもあった。

運んできた木材が不足すれば、周囲にはいくらでも木が生えている。私だけではなくみんなが驚いたのは、グループ・リーダーのケントの特技だった。彼はチェーンソー一本で直径二十五センチほどの木を正確に狙った場所に切り倒すことができた。チェーンソーを入れる角度によって、思いどおりの方向に木を切り倒した。ケントの腕前を知っている仲間たちは、彼がチェーンソーを持つと手を休めて見物した。

テントは立ち木も利用して、丈夫なものが木々の間にあちこちに立てられた。各グループに一つのテントが割り当てられ、その他にも食料品の保管庫となるテントや、調理場にするためのテントもあった。

水は湖の中に太いパイプを通して、発電機で動かすモーターで大きなタンクに汲みあげた。その水を調理や顔を洗うのに用いた。シャワーは必要なかった。毎日午後になると水泳の時間があるので、それがシャワーの代わりになった。

自分たちの生活用水になる湖の近くでは、みんな石鹸を使わなかった。グループ・リーダーの女子学生がバケツを持って丘の向こう側から戻ってきたので尋ねたら、「シャンプーしてきた」と言った。湖水にシャンプーの泡が混ざるのを防ぐために、丘の向こう側まで行ってきたのだ。もちろんお湯ではなく、湖水をバケツに汲んで持っていった。誰に言われた訳でもなく、自然にそういうことが身についている。自然を汚さない方法を子どもの頃から見て学んでいるのだ。アウトドア・トリップで学べることは多い。

私たちが頭の上に載せて運んできた大きなカヌーは、他に用途があるのか、オリエンテーションの時には使われなかった。その代わりトラックで運ばれてきた一人乗りカヤック

クアドラ島、アウトドア・トリップ

の練習をした。グループ・リーダーたちがそれぞれ受け持ちの子どもたちを指導するための訓練だ。私はアウトドア・トリップには参加しないので、カヤックの訓練は必要ないけれど、みんなと一緒に練習した。

水着に着替えてカヤックに乗り、ウエストとカヤックの間をゴムのカバーでピッタリと付けて水の浸入を防いだ。両端に水かきのついたオールの中央を持ち、それぞれがある程度間隔を開けて湖に浮かんだ。最初の訓練は漕ぐことではなく、水中をひとくぐりすることだった。これはバランスをくずしてカヤックが転覆した時のためには絶対に必要な訓練で、これができなければ漕がせてもらえないほど大切だった。水中で慌てることなく起き上がれないと危険だからだ。

私は顔に水がかかるのが苦手なので、困ったと思った。しかし、子どもたちも受ける訓練なので、逃げるわけにはいかない。まず大きく息を吸い込んで、体を右側に倒し、そのまま勢いをつけて水中をくぐって左側に浮かびあがった。水中でガブガブしたけれど、すぐ浮き上がることができた。それからオールを動かして湖の中に漕ぎ出した。グループ・リーダーたちはこれから二ヶ月の間、子どもたちの安全を見守りながら、しかも楽しませながら訓練する責任があるので、みんな真剣に練習した。

私たちは立てたばかりのテントで一泊することになっていた。夕食は子どもたちと一緒に作る予定のホットドッグを、練習の意味もあって皆で作って食べた。グループ・リーダーたちは二人一組だったが、私は一人で大きなテントに泊まった。乗馬担当のジェニーは馬の世話があるので、アウトドア・トリップには参加していなかったのだ。

地面に厚い布地を敷き、その上で寝袋にくるまったが、下が固くてなかなか寝付けない。遠くで動物の吠える声が聞こえた。オオカミはいないと聞いているけれど、「ウォー」という鳴き声はオオカミのようだった。コヨーテかもしれない。テントの近くでガサガサとなにかが動いている音がした。私は懐中電灯を握りしめた。用心のために一晩中起きていようと思ったが、そのうち寝てしまった。

翌朝になって聞いたのだが、設営を手伝うために来ていたアシスタント・コックの夫が寝る前にチョコレートバーを食べ、手を洗わずに寝てしまって、野ネズミに指を噛まれたらしい。ガサガサという音は野ネズミだったのだ。テントに食べ物を持ち込まないように、私たちは厳重に注意されていた。これは野外キャンプでは重要なことで、クマが出没する地域などでは命に関わる。キャロルの夫はそれを守らなかったので、野ネズミに噛まれてしまったのだ。ここら辺の人たちには当たり前のことなので、彼は恥ずかしいのか包帯を巻いた指を隠していた。

朝起きて湖の方へ歩いていくと、あちらこちらの木の下に寝袋があった。すでに起きて空になった寝袋もあったが、まだ中で寝ている人もいた。テントの中から出て星空の下で眠った人たちだ。私はテントの中にいても少し怖かったのに、タフな人たちだ。

幸いなことに、このアウトドア・キャンプではキッチン・ヘルパーの仕事はなかった。グループ・リーダーが子どもたちと一緒にホットドッグやバーベキューをすることになっているからだ。私は彼らのために材料の用意をして送り出せばよかった。その代わり彼らがアウトドア・トリップに出かけている間、何百枚もクッキーを焼いた。

一日の終わりに全員が集まるマグアップという時間があって、子どもたちにはクッキーとジュースが配られる。時にはライス・クリスピーだったりブラウニーの時もあるけれど、基本的にはクッキーが配られるので、いくら焼いてもすぐなくなった。

アウトドア・キャンプの訓練から戻ると、ジェニーが私を呼びに来た。これから馬を歩かせるので、一緒に行こうというのだ。私は自分が乗るなんて考えもせず、見学するつもりでついて行った。キャンプ場の奥のほうにある厩舎の前に七人ほど、グループ・リーダーたちが集まっていた。すでに乗馬責任者のロバートが馬に鞍をつけ終わっていて、一人ひとりに手綱を手渡し、最後に私にも手綱を持って近づいてきた。手綱を渡そうとするロバートに私はあわてて言った。

「乗ったことないです」

「一番おとなしい馬だから、大丈夫。すぐ乗れるようになるよ」

他のグループ・リーダーたちはもう馬に乗り始めていた。私はロバートに助けられながら、鞍によじのぼった。馬は私が乗ると少し動いた。鞍の上に私を持ち上げたロバートが、「さあ、行こう」と言って、馬の首を軽くたたき、私に手綱を手渡した。他の人たちはもう歩き始めていた。馬の背がこれほど高いものとは思わなかった。馬の上で、私はガチガチになっていた。

馬場の中を数回ぐるぐる回ってから、皆はどんどん林の中の細い道に入って行った。馬場の中でも緊張して、早く降りたいと思っていたのに、私の馬は仲間の馬たちに続いて林の中に入っていった。私は馬に乗っているしかなかった。乗る前に、もっときっぱりと断るべきだったと後悔した。

そのうち馬たちはギャロップというのだろうか、小走りに走り始めた。私の馬も一緒になって走り始めた。「やめてー、止まってー」と叫びたかったけれど、必死で我慢した。途中で引き返したくても、林の中をどうやって戻ってよいのかわからない。馬が仲間たちに置いてゆかれないように、勝手に走ってくれるのがありがたかった。私は落とされないように馬に逆らわずに乗っているしかなかった。

林の中をどう走り抜けたのかわからないけれど、三十分程走って、どうにか落馬せずに少し遅れて馬場に戻って来た。他の人たちは慣れているのか、楽しそうに鞍をはずしたり馬をなでたりしている。私は鞍をそのままにして、手綱をロバートに渡した。ロバートとジェニーは毎日子どもたちに、こうやって乗馬訓練をしているのだ。

その後数日間、背骨が痛かった。馬がギャロップでトントン走ったために背骨と軟骨が上下でぶつかり、刺激を受けたせいだ。慣れないことをして痛めたのだ。あの状況では断れなかった。後で思い返せば、落馬しなかったのが不思議だ。

いよいよ子どもたちがやってきて、キャンプが始まった。キッチン・ヘルパーの私は毎朝コックのトレボーとトーストや卵とベーコンを焼いた。昼はアシスタント・コックのキャロルも加わってサラダを作ったり、ドレッシングを用意してけっこう忙しかった。日に三回、子どもたちとグループ・リーダーやスタッフ合わせて九十人から百五十人分の食事を用意した。

コックのトレボーは僻地の住人にふさわしく、ちょっと浮世離れした人物だった。細身の長身で逆三角形の顔にヤギのような顎鬚を生やしていた。彼は子どもたちに美味しい食事を食べさせるためなら手間暇をおしまなかった。早朝四時に起きて、キーシュを作った時の張り切りようは大変なものだった。前の晩から張り切っていた。ルンルン気分で鼻歌を歌いながら、冷蔵庫から卵や野菜を取り出し、私には見ているように言うと、全部自分一人でまぜたり焼いたりした。それなのに子どもたちの反応はトレボーが期待したようなものではなく、トーストパンの時と変わらなかった。彼のがっかりした顔を見た私は、「美味しい」と言ったが、私だって子どもたちと大差はなかった。なんであれほどトレボーが熱をいれて作るのか、気が知れない。トレボーは二度と早起きしてキーシュを作らなかった。

それでもトレボーは料理をするのが好きだった。月曜日から土曜日までのメニューをほぼ変えることなく、毎週繰り返したが、デザートはよく替えた。私はパイナップル・アップサイドダウン・ケーキが大好きだった。余ると自分用に冷蔵庫にしまっておいて、おやつに食べていたら、二キロ太った。ブラウンシュガーにバターを混ぜたものを下に敷きつめ、その上に缶詰のパイナップルとチェリーを並べ、スポンジケーキのドウをながして焼く。カロリーが高いので、太るのは当たり前だった。

トレボーが冷凍ブロッコリーを茹でるとき、鍋にふたをするので、色が変色する。私が、塩を少し入れてふたをしなければ色がきれいに残ると言うと、トレボーはさっそく試した。そしてきれいなグリーンの色に茹で上がったのを見て感動していた。ただ残念なことに、変色したブロッコリーを食べ慣れている子どもたちは、緑色のブロッコリーに手を付けなかった。トレボーは残ったブロッコリーを見て言った。「チキンめ」これはトレボーの口癖で、スラングらしい。もちろん緑色のブロッコリーのことではなく、手を付けようとしなかった子どもたちに対しての悪態だ。

子どもたちに一番人気があるのはタコスとスパゲッティーだ。スパゲッティーはミートソースをかけるだけの簡単なものだ。タコスは市販されている小さな三角形のタコス・チップスを用い、その上に細切りのレタスとミートソースとシュレッダー・チーズを乗せる。調理はミートソースを煮るだけで、あとはレタスをきざんでチーズを削るだけだ。いつもあまり食べない子どもたちが、スパゲッティーとタコスの時だけはお代わりする。早く食べてお代わりの列に並ぼうと、この日だけはせっせと食べるので、作る側としては張り合いがあった。少し多めに用意しても、あっという間に完食される。

トレボーが腕によりを掛けて作る食事を子どもたちがなぜ残すのか、すぐにわかった。昼食後、広場の隅にある小屋で、四十五分間だけ売店が開く。子どもたちはそこでスナック菓子やアイスクリームなどを買って食べるのを楽しみにしていたのだ。私たちが用意するデザートのほうがよっぽど美味しいのに、自分の財布から小銭を出して買うことが嬉しいらしい。普段は親に買ってもらえない駄菓子はキャンプ場でしか味わえない格別のものなので、食事で満腹にならないように、計算して食べる子もいる。売店の前に集まっている子どもたちの表情は、最高に輝いている。もしかすると一日の中で一番楽しみな時間かもしれない。キャンプ場の売店なので、悪いものは売っていないし、一日に使える金額が決められているので、リーダーたちも大目に見ている。

グループ・リーダーたちは危ないことや他人に迷惑をかけることにはかなり厳しく注意する。そして問題があるとキャンプ・リーダーに報告する。それは一日の終わりに大広間でもたれるマグアップ・タイムで取り上げられ、子どもたち全員への反省事項として話される。時には泣く子がでるほど叱られる。キャンプ場では子どもたちを安全に過ごさせるだけではなく、集団行動のマナーや自然に対する心構えも教えている。子どもたちは羽目をはずして大騒ぎし、叱られて泣いた後、クッキーとジュースをもらって眠りにつく。キャンプ・リーダーは厳しいけれど、どんなに叱られても、子どもたちは朝になるとケロッとして起きてくる。また、新しく楽しい一日が始まるのだ。

子どもたちがアウトドア・トリップに出かけた後、マージョリーがハックルベリー・パイを作ろうと言った。ハックルベリーはグミに似た赤くて丸い果実だ。私たちは小さなバケツを持って、林の中を歩き、ブッシュの中にもぐりこんで、ハックルベリーの実を摘んだ。この島にはオオカミもクマもいないと聞いていたけれど、そのかわり蚊の大群がいた。

バンクーバーには蚊がいないので、うっかり虫よけスプレーを持っていなかった私は、腕や首筋などを蚊に刺されながらハックルベリーの実を摘んだ。マージョリーも蚊を追い払いながら、藪の中でしばらく摘んでいた。二人合わせて小さなバケツ半分くらい取れたので、キッチンに引き返した。マージョリーはそのハックルベリーにリンゴを加えて、ピンク色のハックルベリー・パイを作った。味はシナモンがたっぷり入ったアップルパイのほうが私は好きだけれど、自分の手で摘んだハックルベリーのパイなどめったに食べられないので、価値ある食べ物だった。

また、近所の女性たちがクッキーを焼く手伝いに来てくれることもあった。マグアップ用に大量のクッキーが必要なのを知っているので、二・三人ずつ誘い合わせて来てくれた。業務用のミキサーに小麦粉やオーツ、レーズンやクルミを入れて、数百枚を一度に焼いた。オーブンが大きいので、楽だった。焼きあがるまでコーヒーを飲みながらおしゃべりをするのも楽しかった。私が不思議に思ったのは、同じ材料を同じ分量で同じオーブンで焼いても、人が変わると味も変わることだった。これは他の人たちもそう言っていた。これが料理の面白いところかもしれない。

土曜日の昼過ぎに親たちが子どもを迎えに来る。その後から月曜日の朝までが私たちの休みだった。フェリーに乗ってキャンベルリバーへ渡り、映画を観たり買い物をすることもあったし、のんびりキャンプ場で過ごすこともあった。ケープ・コッジという灯台を見にいったこともあった。土・日はトレボーと私が休みなので、キャロルやマージョリーが残っている人たちの食事の世話をしてくれる。月曜日には、元気な子どもたちがやって来て、また忙しくなる。でも期待に目を輝かせている子どもたちは、見ていてこちらも楽しかった。

毎日朝早くから夜まで忙しい七月と八月が過ぎていった。初めての経験ばかりで、いろいろと学ぶことも多かった。そして私は二ヶ月働いた謝礼の四十ドルを受け取った。それはバンクーバーからのバスの往復料金とほぼ同じ金額だった。

私は旅行の計画を立てるために、テーブルの上にカナダ全土の地図を広げた。少し億劫だったけれど、せっかく送金してくれた母の好意は無視できない。どこへ行こうか考えながら地図を眺めていると、私はけっこうカナダのあちこちへ行っていた。バンクーバー島にも行ったし、カルガリーのカンファレンスに出席したついでにバンフも訪ねた。日本人があまり行かないサスカチュワンやオンタリオ州の北へも行った。まだ行ってない地域はケベック州から東の方だ。ジーンによるとモントリオールよりケベック・シティの方が魅力的な町らしい。とりあえずモントリオールからケベック・シティまで行ってみようと考えた。

バンクーバーからケローナまで、何回も往復していたので、その距離を一日の走行距離に決めた。約六時間ちょっとの距離だ。もっと走ることもできるけれど、一人旅なので無理をしないほうが無難だ。バンクーバーとケローナの間を指幅で測り、同じ間隔でハイウェイの上に印をつけた。知人のいるケローナとウィニペグとトロントには二泊し、あとはモーテルを探して泊まるように行程表を作った。二日間のゆとりを入れると、往復四週間の旅になる。八月下旬に出発して、九月末にバンクーバーに戻ってくる予定だ。私はそのスケジュール表を一枚コピーしてベラに渡した。

「この表を見ながら、毎日お祈りするわ」と言って、ベラはスケジュール表を壁に貼ってくれた。


それから私は買い込んだ本やがらくたにちかい雑貨などを段ボール箱につめて、送料の安い船便で日本に送り出した。手元に残ったのは、日本から持ってきた赤いスーツケースと洗いざらしのジーンズとTシャツ数枚、そして中古で買ったフォードのマーキュリー・ボブキャットだった。ステーション・ワゴンなので荷台がかなり広い。そこにスーツケースと朝食用のコーヒーポットとインスタント・コーヒー、マグカップやスプーン、バターと小皿などを段ボール箱に入れて積み込んだ。それらがあれば朝食はモーテルの部屋ですますことができる。朝は早く出発して、午後の早い時間に次の予定地に着くつもりだった。

バンクーバーを出発してから少し走った頃、私は車の点検をしていないことに気がついた。カナダは車検がない代わりに、自分で車の状態を確認しなければならない。でも私は日本に送り出す荷物のことで頭がいっぱいで、車のオイルやファンベルトのことに気が回らなかった。失敗した、と思ったけれど、今さら引き返すわけにはいかない。どこかで立ち寄って見てもらおう、と気を取り直した。

3. 橋のない川もあった——オカナガン

走り始めた頃は車のファンベルトが切れるのではないかと心配したけれど、しばらく走っているうちに忘れてしまった。カナダに来てからいつも中古車に乗っていたので、必要にせまられて幾つかメインテナンスができるようになっていた。パンクしたらスペア・タイヤに取り替えられるし、オイルも調べて補充することができる。タイヤの空気圧もボールペンほどのサイズの空気圧計を持っていて、空気が減っていたら自分で入れていた。ファンベルトが切れたらアウトだけれど、心配したって仕方がない。

カナダでは車検がないので、走れる限り使用することはできる。ただし、すべて自己責任だ。冬季に車の通らない地点で動かなくなったら、凍死もありえる。だから寒い地方では寝袋とチョコレートと砂袋を積んでいる人が多い。寝袋で寒さをしのぎ、チョコレートをかじって救援を待つのだ。砂はスリップした時、タイヤの下に撒いて車を動かす時に使う。それに後部に重い物を載せておくと、スリップしやすい道で車がお尻をふるのを防げるのだ。

幹線道路には凍結予防の塩が大量に撒かれるので、昼間はなんとか運転できても、夜になるとブラック・アイス・バーンといって一度溶けた表面が凍って、路面は鏡のようにスベスベになってとても危険だ。私も一度信号でブレーキを踏んだ所がブラック・アイス・バーンになっていて、スーッと滑ったことがある。こういう時はブレーキを踏まずに、目を閉じるしかないのだ。あせってハンドル操作をせずに車が滑るのに任せるしかない。交差点の中央で対向車線側へ滑っていったことがあった。幸い対向車が来なかったので助かった。

雪の積もった中央分離帯に落ちたことも二度あった。一度は自力で脱出し、一度はハイウェイ・パトロールの警官に引き上げてもらった。美しい雪景色に見とれていると失敗する。

凍結予防の塩が大量に撒かれるので、雪が降った後には、洗車場に車が長い列を作って並ぶ。車体は多少の泥やほこりがついてもかまわないけれど、車体の下についた塩分は洗い流さないと傷んでくる。塩がついたまま放置しておくと錆ついてくるので、私も車列に並んで洗車してもらった。

日本のガソリン・スタンドで洗車する時、人は待合室で待つけれど、カナダでは人が乗車したまま洗車する。サイド・ブレーキをはずしギアをニュートラルにしておくと、運転席に座ったまま車体が引っ張られて洗車機の中へ入っていく。車体の周りから洗剤の付いたブラシが前後左右に回転しているのが見える。フロントガラスの表面を泡だらけの大きなブラシがジャワジャワと回転しているのを見ると、顔に洗剤が飛びちってくるようで緊張する。ブラシが動いてフロントガラスから外が見えてくるとホッとする。

車が故障したことも何回かあった。ノース・バンクーバーに招かれた帰り、ライオンズ・ゲート・ブリッジの少し手前で車が動かなくなった。訪問した家の人たちが来て、モーターを始動してくれた。その時、橋の上で停まらなくて良かったと言われた。車検がないのでどんな車でも運転できるかわり、橋の上で動けなくなると、罰金をとられるというのだ。罰金というより迷惑料に近いかもしれない。

ライオンズ・ゲート・ブリッジはスタンレー・パークと北のノース・バンクーバーやウエスト・バンクーバーの間を行き来するための古い橋で、どういうわけか上下合わせて三車線しかない。朝夕の通行量によって混んでいるほうが二車線になる。だから橋を渡る時は入り口にある信号機を見て、青信号が付いている車線を走る。こういう橋の上で故障車がでると渋滞するので、自己責任をうながす方法として、罰金を科して注意を促しているのだ。

いつも私の車を修理してくれるメカニックが言った。

「T社のカローラなら故障しないよ」

私が日本人だからT社の車を褒めたのかもしれないけれど、カナダでは日本車に対する信頼はとても高い。そのためかカローラは中古車でも他車のように安くならなかった。貧乏学生の私としては、色や形だけでなく価格によって買う車を決めていたので、カローラは買えなかった。

「日本に帰ったらカローラにするわ。今はいろいろな車に乗って見たいのよ」

多少負け惜しみも入っていたけれど、半分は本音だった。フォードやGMやフィアットは日本ではあまり買えない。とくにフィアットのスポーツカーはかっこよくて、運転していても楽しかった。そのかわりしばしばメカニックのお世話になった。

母の送金で半ば仕方なく計画を立てた旅行だったけれど、次第に楽しくなってきた。真っ直ぐに延びているトランス・カナダ・ハイウェイを走るのは心地良かった。十年目のマーキュリー・ボブキャットには北国仕様なのか暖房しかついてなかったけれど、天井のサンルーフと窓を開けると気持ちのよい風が吹きぬけた。初めの目的地ケローナまでは地図を見なくても行けるほど、私は何回も行き来していた。

ケローナ市を含む一帯はオカナガン地方と呼ばれていて、カーラジオのスイッチを入れると「O・Kカントリー」という言葉がしばしば聞こえてくる。

初めてオカナガン地方と呼ばれるケローナの近くに来たのは、葉子さんに誘われてトオル君を見舞った時だった。カナダにも慣れて知り合いも増え、葉子さんともキツラノ・ビーチに泳ぎに行ったり食事に招かれたりしていた。

葉子さんは大阪出身の美容師で、カナダに移住して何年も経ち、店でも信頼されていた。見舞う相手は知らない人だったけれど、葉子さんに一緒に行ってと誘われて、時間のある私は引き受けた。オカナガンがどのあたりにあるのか知らないけれど、行ったことのない地方へ行くのも興味があった。

葉子さんの知り合いの男性、康雄さんという人も一緒だと聞かされた。葉子さんのボーイフレンドかと思ったけれど、どうやら葉子さんはその人と二人だけで行きたくないので私を誘ったらしい。康雄さんは留学先の学校を卒業して、これから日本に帰るところだった。彼らは私をベラに紹介してくれた松尾さんの知り合いだ。松尾さんはトオル君の病状を気にしていて、私が一緒に行くと聞いて喜んでくれた。

康雄さんがトオル君とどのような知り合いなのかは知らないけれど、見舞いに行こうと言い出したのは康雄さんらしい。葉子さんと私は寝袋を持って康雄さんの車に乗り込んだ。康雄さんの車はかなりひどい外観をしたアメリカ車で、車内も埃だらけだった。

車はトランス・カナダ・ハイウェイを真っ直ぐ東に向かって走り続けた。どのあたりを走っているのか、どこまで行くのかと後部座席に座って窓の外を見ながら、二人の会話を聞いていた。話をしていないと眠くなりそうなほど、どこまでも走った。葉子さんは美容師という職業柄か、その場を和ませるように康雄さんに話しかけていた。康雄さんはあまり気を使う人ではないようで、横柄にも聞こえる受け答えをしていた。

かなり走ってから、少し早めの昼食をとった。見舞いに行くトオル君の家でごちそうになるわけにいかないので、夕食と朝食の材料も買った。さらに走ると、人家もなく、車も走っていない。道の両側のなだらかな山々に果樹園が見えてきた。ブドウ畑が続き、リンゴ畑も多かった。桃やプラムの木も見えた。

そろそろ目的地に近づいてきたと思われても、道路標識がなく尋ねる人が見当たらない。ようやく康雄さんが土地の人を見つけて道を尋ねた。

「この先を行くと道がクロスしているから、そこを右に曲がって少し行けばいいらしい」

一本道をどんどん走っても、クロスしている地点は見当たらなかった。三人が目をこらして見ていたのだから、見落としたはずがない。

「田舎っぺに道を聞くと、こうだよ」と康雄さんがいまいましげに言った。

私に言わせてもらえば、康雄さんのほうがよっぽど田舎っぺじゃないか、と思った。服装も野暮ったい。それに偉そうな態度で葉子さんを小ばかにしているのも気に入らなかった。私は康雄さんとは口をきくまいと思った。だいたい地図を必要としていない人に道を尋ねるほうも悪い。車を運転する人としない人では地図の見方や説明の仕方が違うように、信号も道路標識もない地域に住む人にはそれなりの説明方法があるはずなのだ。

しばらく行くと、地元の人が説明した道がクロスしている所に来た。教えられたとおりに、そこを右に曲がってリンゴの木が植えられている果樹園にそってしばらく進んだ。

トオル君は果樹園の中にある小屋に一人で住んでいた。大柄で穏やかな雰囲気の人で、一見したところ病気には見えない。日本からカナダに渡って果樹園で働いていたが、心の病でしばらく入院したらしい。その後退院して障害者年金のようなものを受けながら、以前働いていた果樹園の手伝いをして暮らしているのだ。

葉子さんがトオル君の雇い主に挨拶したいと言って、トオル君に案内してもらった。果樹の手入れをしていた男性はバンクーバーから尋ねて来た私たちを安心させるように、「この頃は落ち着いてきた」と言った。落ち着く前はどんな様子だったのか。日本から遠く離れて、カナダの福祉と雇い主に支えられて暮らしているトオル君の心もとない生活を思った。葉子さんはトオル君の親戚でもないのに、雇い主に丁寧に頭を下げた。私も葉子さんの隣でおじぎをした。康雄さんはフンフンという感じで首をちょっと動かしただけだった。

トオル君自身の説明によると、人間の心の中には四つの要素があって、それらが強・弱・中強・微弱という関係でバランスをとっている。トオル君はその四つの要素がすべて同じなのでバランスのとりようがなく、どうにもならなくなった。同じ強さなら安定しているのではないかと思えるけれど、強弱がないと動けなくなるらしい。それでトオル君は変になってしまったのだと言う。そして付け加えて言った。

「あんた、その性格を直さないとだめだよ」

初対面の人にいきなりそう言われて驚いた。しかも私の性格についてなのだ。

「えっ、どこを変えるの？」

私は自分の心の中を覗かれたような嫌な気がした。誰だって自分の性格に弱点があることぐらい知っている。トオル君は私のどこを見て、何を直せと言うのだろうか。

「どこをどう直すの？」ともう一度尋ねた。

私の真剣な顔つきに気押されたのか、トオル君はあいまいな表情で言った。

「変えたほうがいいよ」

心を病んだトオル君だから何か見えるのかと思ったのに、はぐらかされてしまった。もっとしつこく尋ねるか、無視するか、どうしようかと考えて、かなり気にしながらも無視することにした。冗談じゃないわよ、と思った。

トオル君は私の少しムッとした表情を見て何か言う必要を感じたのか、小さな声で言った。

「東京の人はちょっと違うね。トロントやニューヨークの人たちと共通のなにかがある。大都会の雰囲気かな」

着古したシャツとジーンズを着ている私にそう言われてもぴんとこなかった。

夕食は買っていった材料で葉子さんが作り、私はトオル君の食器戸棚からお皿やコップを出して、盛り付けを手伝った。大小ばらばらの食器だったけれど、キャンプに来たようでけっこう楽しかった。

葉子さんと私は居間で寝袋にくるまって眠り、男性二人は入り口の狭い部屋で寝た。松尾さんの知り合いで信用できる人たちでも、葉子さん一人では心細かったので私に同行してほしかったのだろう。気が強くてしっかり者の葉子さんが私を誘った気持ちをそんなふうに理解した。

朝食の後片付けをすませ、残った食材をトオル君の冷蔵庫にしまってから、私たちは帰路についた。トオル君は私たちの車が見えなくなるまで、路上に立って見送っていた。彼はこれからも果樹園の手伝いをしながら、あの小屋で暮らしてゆくのだろうか。病気がぶり返さないとよいけれど。

「日本に帰らないの?」と葉子さんが尋ねたら、トオル君は首を横に振っていた。

「帰っても居場所がない」

葉子さんはそれ以上何も言わなかった。日本に帰るところがあるならば、とうに帰っていたはずだ。トオル君の病が再発しないことを願いながら、私たちは来た道を引き返した。

帰り道で立ち寄ったレストランで私はますます康雄さんが嫌いになった。

まだ客があまり入っていない店で、注文した料理がなかなか出てこなかった。昼より少し前だったのでオーブンが充分温められていないのか、何か事情があるのか、ウエイトレスがメインディッシュの前にデザートを持ってきた。大好物のアップルクリスピーだった。上にアイスクリームが乗っていたらパーフェクトだと思いながら、私はアップルクリスピーを一口食べた。すると康雄さんが「デザートを先に食べるなんて、マナーに反する」と言った。

その通りなので、言い返せなかった。ちょっと恥ずかしかったので黙っていると、葉子さんがかばってくれた。アクセントが関西風で、優しい言い方だった。

「いいじゃない。疲れると甘いものが食べたくなるのよね」

私はバンクーバーに着くまで、康雄さんとは口をきくまいと思った。けれどもその時、貴重な情報を康雄さんから聞いた。康雄さんはサスカチュワンの見渡す限りの地平線に取り囲まれた所にある学校を卒業して、近日中に日本に帰るところだった。

「冬は雪に埋もれて、何処にも行けない。周囲は地平線しか見えない。うっかり手袋を忘れて車のドアを開けようとすると、手の皮が凍り付いて、無理に離そうとすると皮が剥がれるんだ。貴重な体験だったよ」

それを聞いた私は、その学校へ行こうと思った。卒業する気はなかった。一年か二年、雪に埋もれて地平線を眺めながら暮らしてみたくなったのだ。幸いなことに康雄さんは卒業していなくなる。

「手紙をだして資料を送ってもらうといいよ」と言って、康雄さんはその学校の連絡先を紙に書いてくれた。

サスカチュワンのどの辺にあるのか、学校の入学資格や授業料がいくらなのか調べる前に、私は入学することに決めていた。もしかすると、トオル君はこういう私の性格を変えたほうがいいよ、と言ったのかもしれない。それでも私はすでに地平線を眺めながら勉強することを思い描いていた。

そうやって大急ぎで入学した学校だったけれど、一年半でケローナの学校に転校した。理由は幾つかあったけれど、実際問題としてクリスマス休暇でバンクーバーに戻る時、車が文字通り雪に埋もれて動かなくなったのだ。その年は雪が多く、ロッキー山脈を越えるのも怖かったが、なんとか山脈を越えて、同乗していたクラスメートをバーノンで降ろした後、車がスリップして雪の中に突っ込んでしまった。私は車をそこに残して、バスでバンクーバーに帰った。

クリスマス休暇の間にいろいろな人に会って情報を集め、車を置いてきた場所の近くの学校に一年間通っていた日本人女性を紹介された。そして雪の中から車を掘り出してサスカチュワンに戻るより、ケローナに転校したほうが良いということになった。カナダの学校は単位を移すことができるので、私は二年目の二学期からケローナに移ったのだ。

転校した私はオカナガン湖のほとりにある寄宿舎に入った。二人一部屋で、バンクベッドと机と椅子、洋服を入れる小さな戸棚が備え付けられていた。自室の窓の外からオカナガン湖となだらかな山々が見えた。気温はマイナス十五度くらいで、どんなに下がってもせいぜいマイナス二十五度ていどだった。雪はサスカチュワンで降る雪のようなサラサラの粉雪ではなく、積もっても溶けやすい湿った雪がたくさん降った。地平線の代わりに周りを山に取り囲まれていて、高い山を目印にすれば北に向かっているのか南に向かっているのかすぐわかるので、車の運転は楽だった。雪の中で凍り付いていた私の車は、ロープをかけて引っ張り出してもらった。

転校したのは驚くほど開放的な学校だった。地平線に囲まれて雪ばかり見ていた所から湖のほとりに移って、行動半径も広がった。ケローナではジーンズで教室も食堂も入れたけれど、前の学校ではどんなに寒くても女子学生はスカートの着用が義務づけられていた。授業のない土曜と日曜だけスラックスでも良かったが、ジーンズは寄宿舎以外は駄目で、食事をしたければ着替えなければいけなかった。テーブル・マナーも厳しくて、テーブル毎に座るテーブル・マスターの合図がなければ食事もデザートも手を付けられなかった。食事の前にデザートを一口食べた私に康雄さんがうるさいことを言ったのには、こういう背景があったのかと思いかえした。あんな無作法な人でもマナーを守っていたらしい。転校した学校はカフェテリア・スタイルで、決められた時間内ならいつ食堂に行ってもよかった。寄宿舎だけでなく、ケローナの町から通学することもできた。

クラスメートに誘われて、小さな飛行機に乗ってオカナガン湖の上空を一周したこともあった。何人乗っても飛行料金が一律なので、人数を増やすために誘われた遊覧飛行だったが、料金の価値は充分あった。なだらかな山々に囲まれているオカナガン湖の周囲は果樹園が多く、特産のリンゴだけでなく、桃やサクランボもたくさん採れた。ブドウ畑も多く、ワイナリーもいくつか点在していた。

空から見るオカナガン湖は南北に長くのびた瓢箪の形をしていて、中央にフローティング・ブリッジが架かっている。湖の底にはオゴポゴという怪物が住んでいることは誰でも知っている。オゴポゴはイギリスにあるネス湖のネッシーと同じように、全体の姿を見た人はまだいないけれど、皆がいると信じている湖の主だ。一説には湖を泳いで渡る鹿の見間違いだと言う人もいるけれど、やはり大きな怪物が湖の底にいると信じる人は多い。ネス湖にネッシーがいるかぎり、オカナガン湖にはオゴポゴがいるのだ。

上空から湖周辺の色とりどりの屋根を見たり、私たちの学校の上を飛んだりしたが、やはり私たちもオゴポゴが見つかるかと期待して湖を観察した。残念だったが、怪物は昼間は出てこないらしい。

校舎と湖の間にリンゴの木が何本か植わっていて、リンゴの実をつけていたけれど、誰も採って食べようとしなかった。果実用にちゃんと手入れされていないので、実が小さいし、渋い味がするのだ。しかし、その実が熟して落ちると、白鳥が湖からあがってきて食べる。雪が積もっていても嘴で雪をよけて食べている。白鳥は人を怖がらなかった。むしろ女子学生が時々マフィンを投げ込んでくれるのを楽しみにしているようだった。

転校した後の最初のクリスマス休暇はバンクーバーへは帰らずにケローナで過ごした。私は休暇中に、ケローナ市内に下宿を見つけて引っ越したのだ。

引越しで忙しかった休暇を終えて学校へ戻り、なかなか勉強に集中できないまま教室からぼんやり外を見ていると、いつもは数羽の白鳥が浮いているだけの湖の岸辺あたりが賑やかだった。大勢の学生たちが動き回っていた。一面に積もった雪の上が足跡で踏みしだかれていた。所々に植わっているリンゴの木の向こうに連なっている山々には、雪が白く積もっていた。寒い中で何をしているのかと窓の外を見た。どうやらポーラーベア・スイミングをするつもりらしい。ポーラーベアというのはホッキョクグマまたはシロクマのことで、ポーラーベア・スイミングとは日本式に言う寒中水泳のことだ。

バンクーバーでも毎年一月二日にイングリッシュ・ベイでポーラーベア・スイミングが行われていた。いくら暖かいバンクーバーといっても、寒い中、物好きな人たちが海に飛び込む。これは新年の年中行事だった。私はキツラノ・ビーチ近くに住んでいた頃、何回か見に行った。海岸に集まった大勢の見物人と焚き火に取り囲まれて、水着姿の人たちが次々に海に走り込んだ。遠浅なのでザブンとは飛び込めない。腰のあたりまで入って、両手を振り回して海水を浴びてからすぐに引き返してきた。走って戻りながら見物人たちにわざと体についた水しぶきを振りかけていく。キャーキャー叫んで水しぶきから逃げようとする人も、本気で怒るわけではなく、けっこう楽しんでいた。

私も焚き火の近くで見ていたので、海水を跳ねかけられた。海から出てきた人たちは焚き火の所まで戻るとタオルを受け取り、中身が見えないように紙袋に入ったウィスキーをラッパ飲みして車に戻っていく。本当は海岸での飲酒は禁じられているけれど、この日だけは大目にみてもらえるらしい。次にまた別の人たちが走り込んでゆくので、見物人たちも一緒になってはやし立てた。

しかし、南から暖流が流れてくるバンクーバーと違って、オカナガンではまだ雪が積もっている。気温も水温も違う。現に湖の岸辺に架けられた栈橋には雪が凍り付いていた。雪を投げ込むと溶けずに浮かんでいるほどだ。その冷たい氷水のような湖の中に飛び込もうとしている学生たちが数名いるらしかった。

夏にキャンプに来る人たちのためのボートの船着場もかねた桟橋は、岸からかなり長く湖の中に延びていた。その桟橋を数名の男子学生たちが走りながらコートを脱ぎ捨て、海水パンツ姿になって勢いよく頭から湖に飛び込んだ。そして大急ぎで桟橋によじ登り、水を跳ね飛ばしながら食堂のほうへ走っていった。

その時、二人の女子学生がガウン姿で現れた。この二人は目立つことが大好きで、彼女たちなら皆の見ているところで氷水に飛び込んでも誰も驚かない。皆の歓声がひときわ高くなったところで、二人は湖に飛び込んだ。彼女たちを引き上げた後、皆は食堂へ引き揚げていった。食堂にある大きなストーブを囲んで、熱いホット・アップル・ジュースを飲むのだろう。寒い土地で育った人たちは、私とは体温が違うのだろうか、と感心させられた。

ポーラーベア・スイミングは希望者だけの参加だから、見ているだけでよかった。しかし、この学校にはとんでもない行事があった。クラス全員参加で雪山に一泊するのだと聞いて、初めは冗談かと思った。学校の裏手から雪山が続いていて、有名なスキー場も近くにある。そんな山中でキャンプするなんて、皆も学校もどうかしていると思った。サスカチュワンのようなマイナス三十六度の痛いような寒さではなくても、マイナス十五度から二十五度だって充分寒い。屋外で一泊したら、きっと凍え死んでしまう。

東京でもバンクーバーでも手袋をしなかった私は、サスカチュワンでもケローナでもその癖が抜けず、よく手を凍えさせては後悔していた。しかし、手袋を忘れても、マッチだけは必ずバッグの中に入れておいた。車のドアの鍵穴が凍り付いてドアが開かなくなった時、鍵をマッチの火で暖めて鍵穴に差し込み、その暖かさで鍵が回るまで何回もマッチを擦るので必需品だった。後になって鍵穴用のスプレーがあると聞いたしライターを使ってもよかったが、とりあえずマッチを使っていた。

寒い所で車が動かないと大変なことになる。ラジエターやウィンド・ウオッシャーには不凍液を入れる必要がある。特に冷え込むという予報があれば、ラジエターのキャップを緩めておく。不凍液が凍って膨張し、ラジエターを傷めないようにするためだ。夜間にエンジンに電気コードをつないで暖めておく人もいるほど寒い。人間の血液だって凍りかねない。

それほど寒いオカナガンの雪山で一晩眠れば、凍死しないのだろうか。いくら学校行事だからといっても、私は行きたくなかった。けれど私が行きたくないと言う前に、両足が不自由でいつも電動車椅子に乗っているダイアナも行くと聞いたので、私も黙って参加することにした。

クラス全員に雪山での注意があった。なにしろ二月の一番寒い時期を選んで行くのだから、それなりの準備が必要だった。ウールの服に靴下もウール、マフラーや寝袋など持ち物の説明があった。毎年行われていたとはいえ、私たちのクラスにとっては初めてなので、みなソワソワして準備をした。私の寝袋はあまり厚手ではないので、内側に毛布とシーツを入れて持っていくことにした。

食事は山の上で料理するらしい。段ボール箱にパンや卵など入れてクラスメートのジェイクの大きな四輪駆動車に載せた。私たちは何台かの車に分乗して行けるところまで行き、道が険しくなると皆でジェイクの四駆に乗り移った。パトカーが来ないのをよいことに、完全に定員オーバーだった。荷物と人間をぎっしり詰め込んだ四駆は、でこぼこした坂道をがむしゃらに登った。普通車では無理な道なので、毎年こうして誰かの四輪駆動車で登っているらしい。

私たちもただ乗っているだけではなかった。積み上げた荷物が頭上に落ちてくるのを押さえたり、車が動かなくなった時は降りて後ろから押した。太い木の根に車輪がつかえて前に進まなかった時、ジェイクのアクセルに合わせて皆で声をかけながら、力いっぱい押した。何度か繰り返して、ようやく車が木の根を乗り越えることができた。しかし、後でわかったことだが、ジェイクは急に動いたハンドルに手首を巻き込まれて骨折していた。私たちは帰るまでそのことを知らされなかった。


雪の中に穴を掘ってその中で眠るのかと思っていたら、夏季キャンプ場用に作られた設備を使うことができた。冬場なので水道もガスも使用できないが、炊事場があった。キャンプ場は周囲より少し低い山の中腹にあり、なだらかな斜面に幾つかの小屋が建っていた。しかし小屋は夏用に建てられているので、床と柱に屋根がのっているだけで、壁もドアもなく吹きさらしだった。その柱にテントを縛り付けて風除けとし、その中で眠るのだ。年中行事だと言われて仕方なくついて来たけれど、なんと物好きな人たちかとあきれてしまった。

車から荷物を降ろし、小屋の四隅の柱にぐるりとテントを張った。その中に荷物を運び入れて寝る場所を確保し、テントの裾に荷物を置いて風が直接入ってこないようにした。

テント布は厚地なので、中は薄暗かった。

小屋の外ではジュディーたちが食事の準備を始めた。こういう場面ではジュディーがリーダーシップを発揮する。きっと何とかしてくれると、人に安心感を与える人だ。夕食用にはコックさんが用意してくれたサンドイッチを持ってきたので、きっとココアを入れるお湯を沸かしているのだ。私は準備ができるまで小屋の中にいることにした。せめて太陽が出ていれば少しは暖かい気分になれるのに、空は隙間なく雲が広がっていた。

冬は日が暮れるのが早い。夏ならキャンプ・ファイヤーを燃やすことができるのに、雪の上ではそれもできず、熱いココアを飲んでから私たちは早めに寝袋に入った。テントの下から隙間風が少し入ってきたけれど、気にするほどではなく、靴下も脱がず、セーターも着たまま寝袋にもぐると、思ったより寒くなかった。皆は暗闇の中で小声で話し続けていたが、私はすぐ眠ってしまった。

翌朝は人の動く音で目が覚めた。まだ眠っている人もいたが、何人かはすでに起きて寝袋を丸めていた。寝袋の中で丸まって寝たせいか、体が少し固まってしまった。テントの外に出て深呼吸して手足を伸ばした。空気が冷たい。太陽はやはり雲の上だった。朝日が出れば雪山を照らしてきっと美しいはずなのに、残念ながら今日も一日晴れそうになかった。

朝食はバターとジャムをぬったパンとスクランブル・エッグ、それにホット・アップル・ジュースだった。これもジュディーが指揮して準備してくれたものだ。朝食後、荷物をまとめて出発の準備をした。ゴミはすべて持ち帰るために袋に入れ、食料品や調理器具などは分担してリュックに入れた。ダイアナは男子学生が背負い、二人のリュックは他の学生が交代で持った。

私たちはジェイクの車には戻らず、山道を歩いた。途中でビルが古びた看板のような鉄板を拾ってきた。それにロープをつけてダイアナを乗せ、雪の上を引っ張り始めた。これはとても良いアイデアだった。少し太り気味のダイアナを背負って歩き続けるのは大変だ。鉄板の上にダイアナを乗せてロープを引くと、楽に進めた。おまけに荷物も幾つかダイアナの横に載せることができた。こんなことならスノーボードを持ってくればよかったのに、と私は思った。間に合わせの鉄板はバランスを取りながら乗っていなければならない。それでもダイアナは楽しそうに荷物を押さえながら乗っていた。

ダイアナを見ていていつも感心するのだけれど、彼女はクラスメートの世話になってもけっして「ありがとう」とか「ごめんね」とか言わなかった。冬山に来れば、歩けない彼女の介助が必要なことは初めからわかっていたことだ。それでもダイアナは当然のように参加した。背負われても、鉄板の上に載せられても、ダイアナは何も言わなかった。私だったら「すいません」とか「ごめんね」とかを連発するだろう。転校してきた私はまだ完全にクラスに溶け込めていないせいか、彼らの関係が不思議に思えた。ダイアナが入学してクラスメートになった時に、体の不自由な同級生として受け入れ、補い合うことに決めたのだろう。だから校舎の中で重い電動車椅子を二階まで上げ下げする時など、まるでお神輿を担いでいるみたいに賑やかに持ち上げていた。ダイアナはいつも上機嫌で、クラスメートの介助をごく自然に受け入れていた。

ダイアナはどうしても自分にできないこと以外は全部自分でやった。赤いダットサンの車は手だけで運転できるように改造されていて、アクセルもブレーキもハンドルの隣についていたし、手動の車椅子なら自分で運転席の後ろに押し込めた。できることを全部自分でやっているから、他人の手を借りても悪びれずにいられるのだろう。一度ダイアナの車に乗せてもらって、ケローナの町まで買い物に行ったことがある。ダイアナは陽気でおしゃべりな人だった。

それから私たちは雪山の反対側に回った。それまでダイアナを鉄板に乗せて引いていたが、そこからまた男子学生が背負って歩いた。

私たちは昔炭鉱だった場所に残されたトロッコの軌道跡を歩いた。鉄のレールが取り外されて、枕木だけ横向きにはるか遠くまで続いていた。その枕木の下は何百メートルか目算できないほどの谷だ。かつては石炭を載せたトロッコが山腹にそって麓まで走っていた線路は、ゆるやかに下っていた。私は谷底を見ないように、枕木に目の焦点を合わせて一歩一歩用心深く歩いた。下を見たら足がすくんで歩けなくなりそうだ。ダイアナを背負った学生は前のほうを歩いていた。皆はけっこうおしゃべりしながら歩いていた。私にはそんなゆとりはない。足元に気をつけているだけで、景色を眺める余裕もなかった。

枕木の上を渡り終えて、また雪道に戻った。私はほっとして、歩いて渡ったばかりの軌道跡を振り返った。私たちが渡ってきたトロッコ鉄道の全景は、恐ろしくも美しいものだった。軌道を下から支える木製の橋脚が、谷底から山の側面にぴったりと張り付いていた。

マッチ棒のような細い木を組み合わせて作ったミニチュアの建物を見たことがあるけれど、トロッコの橋脚も材木を縦・横・斜めに組み合わせてあった。見た目は芸術作品のように美しいけれど、材木が一本折れたらガラガラと崩れ落ちそうだった。そして信じられないことに、ビルが長い手足を使って橋脚を降り始めていた。私がビルに気がついた時はすでに二十メートルほど降りていた。橋脚の木材の上を用心深く足場をさぐりながら降りていくビルに初めは声援をおくっていたクラスメートも次第に心配になってきて、三分の一ほど降りたところで止めに入った。「戻って来い」「行くぞ」「置いてくぞ」「危ないから止めて」などと声を掛けた。ビルはそれ以上降りるのを止めてしばらくこちらを眺めていた。やがて自分の行為に気がすんだのか、ゆっくりと登り始めた。いつもは知的で物静かなビルがサルのまねをするなんて、野外活動でしか見られない行動だった。

それからも雪道を歩いて、ようやくジェイクの四輪駆動車まで戻った。ジェイクの手首はかなり腫れていたけれど、袖で隠して運転を続け、私たちの車を停めておいた所まで送ってくれた。ジェイクはその後一ヶ月以上もギブスをはめていた。

卒業後は一度も訪ねていなかったので、学校へ寄ってみようかと思ったけれど、八月末なのでまだ閉まっているはずだ。九月初めのレイバーデイの翌日までは夏休みなので、誰もいない。私は学校へは寄らずに、幾人かの知り合いを訪ねることにした。まず初めに一年半の間下宿したドンとルツの家を訪ねようと思った。

転校したばかりの私は、初めは寄宿舎に入った。その後、二人一部屋の賑やかな寄宿舎を出て、湖のほとりにあるシェアハウスのような一軒家に移って、一部屋もらった。そこはリビングルームを囲んで部屋が五つとバスルームがある家だった。古い家らしく、バスタブは猫足がついたホーロー製で、置いてあるソファーも古くてクッションがペコペコしていた。しかし、一人部屋なので静かに勉強できた。リビングルームで皆とおしゃべりするのも楽しかった。

その頃から私は週一回、フローティング・ブリッジを渡ってケローナの町へ行き、病院を訪ねるボランティアを始めた。病院に付属して建てられている老人の介護施設で、毎週一時間ほど話し相手をするのだ。そこで知り合った人に紹介されて、ドンとルツの家に下宿することになった。

腰を痛めたルツのために新築した平屋建ての家は、町外れの新興住宅地の中にあった。

伝統的なカナダの家はボイラー室やランドリー・ルームなどは地下にあるけれど、新しい家には地下室はなく、腰痛のある人には住みやすい。ボイラーが小型化されて地下室に置かなくても良くなり、平屋の老人向けの家が建てられるようになったのだろう。隣近所もほとんど平屋建ての家が並んでいた。ドンとルツの三人の子どもたちはすでに独立している。夫婦二人暮らしの家へ私は引っ越していった。

ルツにはいろいろなことを教えてもらった。パンを焼くときは一緒に粉を練った。一度に十ロール焼くので、練るのに手間がかかったが、焼きあがったときの最初の一切れが楽しみで、いつも手伝った。全粒粉とトリの脂を入れるのでとても香ばしく、オーブンから出してすぐバターを塗って食べるととても美味しい。

その他にも桃のビン詰めを手伝った。ルツが知り合いの果樹園から段ボール箱に入った桃をもらってきた。桃は完熟すると採る時に指のあとがつくので売り物にならない。そういう出荷できないほど完熟した桃を頂いてきて、ビン詰めにした。キッチンで皮をむいて種を取り除き、ビンに詰める作業をしながら、桃の切り身を何度も口に入れた。持っているだけで汁がポタポタしたたった。店で売っている桃とはまったく別種の果物かと思うほど美味しかった。ルツはビンの中にビタミンCの粉末を加えてから密封し、蒸し器で蒸した。蒸しあがったビンを逆さにして空気が入っていないのを確認して、長期保存するために車庫の後ろにある倉庫に保管した。空気が入ったものは早めにデザートにして食べた。

ルツはその他にもキュウリのピクルスやトマトのビン詰めも作って冬用に貯えた。「大恐慌の頃の話を母から聞いているから、もったいないことができないのよ」とルツは言った。

朝、母親が最後の一握りの粉でパンケーキを焼いて父親に食べさせて仕事に送り出し、父親がその日働いて得た金で夕方粉やミルクを買って帰るのを待つ。母親も子どもも一日中空腹だったことをルツは何回も聞かされて育った。これと同じ状況は『シンデレラ・ボーイ』という映画の中で描かれていた。一度引退したボクサーの主人公が、子どものミルクを得るために奮闘する実話を元にした映画だ。パンケーキを食べて職探しに出かけようとした時、目を覚ました幼い娘がパンケーキに目を輝かせた。その娘を見た主人公が空腹のまま出かけて行くというシーンがあった。大恐慌時代の共通体験なのだろう。母親の記憶がしっかりとルツに受け継がれていた。だからルツはケチではないけれど、無駄なことはしなかった。生真面目なドイツ系カナダ人であるルツの生活習慣からは、たくさんのことを教わった。私も戦争中食料がなくて困った話を母から聞いていたのに、食べ物をありがたいと思わずに生きてきたことをちょっと反省した。受け継いでゆくべき記憶というものだろう。

ドンとルツの家に越してからも、毎週病院に通うボランティアは続けていた。ドンたちを紹介してくれたのはナスターシャというウクライナ系の老婦人だった。私は毎週通ってナスターシャの話し相手をしていた。とても頭が良く、神経が鋭敏でプライドの高い人だった。

ある日、いつものように病院の駐車場の前に路上駐車してナスターシャと話をし、車にもどると、フロントガラスに駐車違反の張り紙があった。気がつくといつも停めている場所に駐車禁止の看板が立っていた。私が停めた時には前に大型の車が停めてあったので見えなかった。前の週にはそんな看板はなかった。何かの事情で臨時に駐車禁止にしたのだろうか。病院の無料駐車場はいつも満車で、私だけでなくたくさんの人たちが路上駐車していたのだ。突然罰金だなんてひどいと思った。ルッに言うと抗議したほうがよいということになって、ドンが一緒に警察署に行ってくれた。

「毎週ボランティアに行っているのに、駐車禁止の看板はなかった。それに私が停めた時はたくさんの車が停めてあって、看板が見えなかった。こんなやり方で罰金を取るなら、もうボランティアをやめるわよ」

私は言いたいことを一気に言って、二十七ドルの罰金支払い請求書をカウンターの上に置いた。ドンは一言も言わずに私の隣に立っていた。カウンターの向こう側に立って対応した警察官は、請求書を手に取ると、ちょっと私にウィンクしてからビリッと破いてしまった。文句を言いに行った私は気が抜けてしまって、笑いながら引き返してきた。

「罰金を払わなくてよかった」と私が言うと、ドンは黙ってうなずいた。いつも無口などドンは結局一言も言わず、私一人で頑張った。

ケローナにはその他にもたくさん思い出があった。


ドンとルツの家に泊めてもらって、何人かの知人に会いに行った。日本に帰ったらまたいつ会えるかわからない。まず初めにナスターシャに会いに行った。ナスターシャはボランティアとして毎週訪問していた頃と同じ老人介護病棟にいた。電動車椅子に乗って自室でぼんやりしていたナスターシャは、久しぶりに私を見るととても喜んでくれた。

かつてナスターシャは私をランチに招待してくれたことがあった。毎週通っていた私へのお礼のつもりらしい。往復三ドルで電動車椅子に乗ったまま送迎してくれる福祉タクシーに乗って、ショッピング・モールで待ち合わせ、二人でカフェテリアに入ってサンドイッチとスープとデザートを食べた。ポシェットから財布を出して支払いをする彼女の満足そうな顔を今でも覚えている。誇り高い老婦人だった。

ナスターシャは私が車で行ける所まで東に行くと言うと、中古車は危険だとか、タイヤはミシェランの新品に取り替えたほうが良いとか、いろいろと忠告した。心配してくれるのはわかるけれど、今そんなことを言われてもどうにもならない。こういう時のナスターシャはかなりしつこく自説を主張するのを知っているので、言い返したりせずに、同意したふりをした。別れる時、ナスターシャは玄関まで見送りに出てくれた。彼女も私とはもう会うことはないと思っているらしかった。

それから私はそこで知り合った幾人かの日系人に挨拶して回った。おそらく彼らとも二度と会うことはないだろう。初めにミセス大野を訪ねた。日系二世のミセス大野は時々私を運転手代わりにした面倒な人だったけれど、笑顔が可愛い憎めない人だった。送迎してあげたお礼のつもりか、よくチャウメンを作ってご馳走してくれた。お別れに訪ねた私が東へ行くと聞くと、トロント近くに住んでいる親戚への届け物を頼んできた。オカナガンで取れたリンゴを入れた段ボール二箱と大きなピクルスのビンが二個、それと庭から取ってきたカボチャほどの大きさのトマトが七個。しかもリンゴとピクルスの届け先は別々だった。ミセス大野は最後までミセス大野だった。にこにこしながら名前と住所と電話番号を書いた紙を私に差し出すと言った。

「トロントの近くだから、大丈夫。すぐわかるわ」

初めて行くトロントで人探しだなんて、気が重い。行ったこともない土地へ行くだけでも心配なのに、届け物を持って行くなんて迷惑なことだ。それでも私は嫌だと言えなかった。彼女は私が心配していると思ったのか、こう言った。

「渡せなかったら、捨ててもいいからね」

ステーション・ワゴンの荷台に積んである赤いスーツケースの隣に、ミセス大野の段ボール箱とピクルスとトマトを載せた。ぐずぐずしているとミセス大野も一緒に行くと言い出しかねないので、私はすぐに別れを告げた。

ケローナを去る前にミスター林の顔を見て行こうと立ち寄ったら、留守のようだった。駐車場に車が見えなかったので、そのまま通り過ぎてハイウェイに向かった。

ミスター林は日系一世の老人で、夫人を亡くしてからは一人で暮らしていた。カナダの一世たちはアメリカの一世より比較的若いけれど、それでもかなり高齢だった。戦争中はいろいろなことがあったはずだけれど、あまりそのことに触れたがらない。ただ私を戦争中日系人たちが強制移住させられた所へ案内してくれた。

太平洋沿岸から百マイル、約百六十キロ以内に住む日系人たちが強制的に内陸部へ異動させられたことは、日本の対戦相手のアメリカだけでなく、カナダでも行われたのだ。戦後四十五年を経て、カナダ政府は正式に謝罪し、賠償金を支払った。しかし失った財産が戻ったわけではなかった。なによりもカナダで生まれ育ち、自分たちはカナダ人だと思っていた二世たちの心の傷は、長い間語られることなく、心にしまいこまれていた。

ミスター林が連れて行ってくれたニューデンバーはその強制移住させられた施設の一つだった。彼の日本車を私が運転した。ミスター林は助手席で道案内しながら、ほとんど車の通らないなだらかな山道を進んだ。何もない土地だった。

しばらく進むと平らな野原に出て、突然道路がなくなった。目の前に川があったが、橋が架かっていなかった。どうしようと驚いていると、ミスター林が言った。

「フェリーがあるんですよ」

川のほとりに船が繋いであって、傍の小屋から男の人が出てきた。それは小さなフェリーの船着場だった。乗用車が三台くらい載せられる大きさのフェリーだった。時刻表はなく、車が来れば動かしてくれるらしかった。私たちの車一台でもフェリーをだしてくれて、料金はいらないと言われた。国か州か町かが、橋を掛けない代わりにフェリーを用意しているらしい。交通量の少ない所でいつ来るかわからない乗客を待っているのは大変ではないかと思うけれど、こういう仕事を好む人もいる。カナダ人は背広を着て大会社で働く人が偉いという感覚はなく、自分の向き不向きに従って職業を選ぶ。のんびりと川のほとりで乗客を待ちながら、釣りをしたり野菜を育てたりしながら、きっと豊かに暮らしているのだろう。無料のフェリーはすぐ対岸に着いた。帰りは向こう岸から叫べば迎えに来てくれるはずだ。

私は車を運転する時はいつもせかせかしてしまうけれど、フェリーを降りてからはのんびり行こうと気持ちのギアを入れ替えた。

日本人が移民としてカナダに来たのは十九世紀の終わり頃で、言葉が通じなくてもできる漁業や製材、炭鉱などで働いた。日系カナダ人二世の老人が話してくれたのだけれど、皆は金を貯めたら日本に帰るつもりで必死で働いた。だから衣服に金を使わず、体の大きな白人の古着の袖をまくり、ズボンの裾をからめて着用した。

「あんな格好じゃ馬鹿にされても仕方なかった」という状況の後、次第に定着する人もでてきて、日本から嫁を迎えようと〝写真花嫁〟がやって来るようになった。皆必死で働いて家庭を築いたところ、一九四一年十二月、日本がアメリカの真珠湾を攻撃したことで、すべてが一変した。家も船も店もすべてを放置させられ、手回り品だけを持って見知らぬ土地に連れて行かれたのだ。そういう強制移住させられた場所の一つであるニューデンバーは、山に囲まれた静かな所だった。こんなところに住んでいて、買い物はどうするのだろうかと心配になるほど、何もない土地だった。

戦後もしばらくの間、元の場所へ帰ることができなかったが、ようやく許されて戻っても、家も船も店も人手に渡っていた。ＢＣ州だけでなくオンタリオ州へ移った人も多かったが、ニューデンバーに残った人もいた。

「なにくそっと思ってやり直そうという気持ちの強い人は、ここから出て行ったんだよ」

とミスター林が言った。

ニューデンバーに残った人たちは、戦争中住んでいた家に手直しして住んでいた。

「戦争中はトイレも風呂場も共同だったけれど、今は建て増しして、自分の家にあるから、便利になった」

わざわざトイレと浴室を見せてくれた年老いた婦人がうれしそうに言った。理不尽に扱かったカナダ政府に対しての怒りとか反感とかはなく、異国で暮らす自分たちの存在を考えもせずに戦争を始めた日本という国に対しても、恨んだりしていない。静かに受けとめて、山の中で取り残されたように暮らしている人たちの表情は限りなく穏やかだった。「皆、もっと怒っていいはずなんだ」とミスター林は言った。気の強いミスター林から見ると、この人たちの大人しさが歯がゆいらしい。

十数軒残っている集落の片隅に、建設当時のまま保存されている建物があった。外側は板張りで、入り口に日系合同教会という小さな看板が掛けてあった。

「牧師さんが来ても、お坊さんが来ても、皆で集まるんだ。人数が少ないから、皆で協力しあわないと寂しいからね。キリスト教も仏教もここでは一緒に集まるんだ」

のどかな景色に囲まれている心優しい人たちも、すでにかなりの高齢者ばかりだった。皆は突然やって来た私に、お茶と手作りのお菓子でもてなし、なごりおしそうに見送ってくれた。

ニューデンバーで見たり聞いたりしたことは、まったく驚きの体験だった。童話の中の別世界に紛れ込んだように思えた。もう二度と会うことのない人たちを思いながら、山道を帰路についた。

何人かに会って別れの挨拶をして、ドンとルツの長女シェリルの住所と電話番号を聞いてから、ケローナを出発した。私はシェリルがクリスマス休暇で帰ってきた時、日本に帰る時はいらなくなる電気毛布をあげる約束をしていた。シェリルはウィニペグに住んでいるので、途中寄って渡すつもりだ。

4．時には観光客のように——ジャスパーからサンダーベイ

カナディアン・ロッキーも観光予定に入れた。バンフは以前訪ねたことがある。その北へはまだ行ったことがないので、今回はジャスパーの方を回ってみることにした。バンフから北上する道もあるけれど、同じ道を往復するより、せっかくなのでカムループスからロッキー山脈の西側を北上してジャスパー経由で、バンフまで南下するコースを選んだ。BC州のカムループスからアルバータ州のジャスパーへの道を地図で確認した。その道はロッキー山脈の間を通り抜けて走るビーバー街道と呼ばれていた。

山道に入ってからガソリンが空になったら大変なので、通りがかったガソリン・スタンドに立ち寄った。いつもはセルフ・サービスを利用していたけれど、これから先にスタンドがないかもしれないので、とりあえず目に留まったスタンドに入った。

「タイヤの空気圧を見ましょうか？」とスタンドの店員が尋ねた。

タイヤの空気はいつも自分で調節していたけれど、ついでに見てもらうことにした。すると店員が「少し空気を入れたほうがいい」と言うので、それも頼んだ。

車の通りが少なくなった山道をしばらく運転していたが、少し違和感を覚えた。走り方が何だか変だ。ちょっとはねるような感じだった。さっきタイヤに空気を入れてもらったことが気になる。もしかすると空気を入れすぎたのではないかと疑った。

少しスピードを落としてしばらく走ってから、車を停められる場所を見つけた。ダッシュボードに入れてある空気圧計を取り出して、バルブに差し込んで見た。思ったとおりかなり空気圧が高い。ガソリン・スタンドの店員がうっかり間違えたとは考えられないほどの空気圧だ。これから山道を走る車に入れてよい高さではないので、空気圧計を使って空気を抜いた。タイヤ四本から空気を抜いて調節し、ようやく出発した。のんびりして優しい人が住んでいるカナダでも、良い人ばかりではないので、ある程度の用心は必要だ。これからの長旅もしっかり気をつけようと思った。

新車にしか乗らない人には必要ない幾つかのメインテナンス技術を持っていたので、空気圧の調節などは簡単にできた。タイヤ交換だってできる。

バンクーバーのベラの家の前でパンクしたタイヤをスペア・タイヤに取り替えたことがあった。きつく締まったボルトをやっと緩めて取り替えたスペア・タイヤの空気が抜けていて、ジャッキをはずしたとたんにペチャンコになってあわてたこともあった。中古車を購入した時、スペア・タイヤを点検しておかなかったのだ。ベラがパンクしたタイヤを修理店に運んでくれた。

その時CAAという日本のJAFのような組織に加入することになった。緊急の時に電話をすれば来てくれる。BC州だけでなくカナダ全土で利用できると聞いていたので、なにかあったら助けを呼ぶつもりだ。

しばらく走ると数名の男性に停止するように指示された。山賊か、と思った。山中で急に停められてちょっと驚いたが、私の前を走る車も停められていたので、山賊ではなさそうだ。車を端に停めて、用心のために少しだけ窓ガラスを開けた。一人が小さな紙切れを見せながら、二ドル五十セント支払って欲しい、と言った。有料道路ではないはずなのに、と私が不思議そうな表情を見せたためか、男性が説明した。夏の期間中走行する車に、ゴミ処理のために負担してもらうのだ。フロントガラスに紙を貼り付けておけば、今年の夏中ロッキー山脈の地域で有効らしい。私はお金を払って領収書らしい紙切れをフロントガラスに貼り付けた。

アルバータ州では石油と観光収入で財政が豊かなためか、消費税はかからないが、必要な時はこうして利用者に負担させているのだろう。私はまだBC州側を走っていたけれど、この紙切れはアルバータ州でも有効なので帰ってくる時まで貼り付けておこう。

八月下旬になっているので観光客のピークは過ぎていて、道路はすいていた。北に向かって走るほど、〝クマ注意〟の看板が目立つようになってきた。バンクーバーの近くでもクマが現れたけれど、やはり山道に入ると出没する頭数も多くなるのだろう。

道路はほぼ一本道なのでわかりやすかったが、時々地図を確認しながら走り続けた。左手に広い川がゆったりと流れていた。その向こうには頂上に雪を残した高い山がつづいて見えた。カナディアン・ロッキーは右手にさらに高くそびえていて、私はまさにロッキー

ビーバー街道

山脈の中を走っていた。

有名な山でなくとも美しい山々と川と針葉樹林をカメラに収めようとしたけれど、一眼レフカメラに標準レンズを着けていたので、フレームに収まらない。広角レンズでも気に入った景色を一枚に収めることは難しいと思う。仕方なくカメラを横にずらして三枚一組に繋ぎ合わせる写真を撮った。

クマを用心して車の窓から撮影したこともあった。小さな広場に車を停めて車の外に出て撮影した時は、ドアを開けたままにして、クマを見たらすぐ車に逃げ込めるようにした。その広場にも〝クマ注意〟の看板が立っていたのだ。グリズリー・ベアは大きなクマで、特に子連れだと危険らしい。

ケローナ周辺には〝シカの飛び出し注意〟の看板があちこちに立っていた。シカがどうして危険かと思われるが、発情期のシカは動きが早く走り回る。車のライトに反応して飛び込んで来たりする。ミスター林も大きなシカと激突して車が大破し、彼自身も大怪我をしたと言っていた。自然が豊かな所だけに、動物たちとの距離感が必要になる。私はリスがクルミを食べている木の下に駐車して、ひどい目にあったことがあった。屋根とフロントガラスにリスが吐き出したクルミの渋皮がべったり張り付いてしまったのだ。

飽きるほど山や川を見ながら走り続けると、カナディアン・ロッキーで一番高いマウント・ロブソンが見えてきた。三九五四メートルの高さだ。山頂から少し下の雪が解けたあたりに横縞がはしっていて、綺麗な山だった。マウント・ロブソンを見ながら右手に曲がって一時間ほど行けばジャスパーに着く。

そのあたりがBC州とアルバータ州との州境で、時間が一時間早くなるはずだ。カナダは西海岸と東海岸では四時間半の時差がある。鉄道やバスに乗る時は注意が必要だ。時差の計算を間違えて、飛行機に乗りそこねたことがあった。しかし、車で走る時はそれほど気にしなくても大丈夫だ。ケベック州までには三時間の時差があるので、時々調整すればよい。カナダの夏の夜はいつまでも明るいので、時間的には余裕を持って行動できた。朝七時半ころモーテルを出発して、次の町に午後三時半ころ到着するようにスケジュールを組んでいた。

夏の観光シーズンが終わりかけているとはいえ、有名な観光地ジャスパーで予約なしに泊まれる所があるか、少し心配だった。町の手前からモーテルを探しながら走ったが、いつも泊まっているようなモーテルは見当たらなかった。観光客用のお洒落なホテルが目についた。山の中の町らしく、山小屋風の建物も多い。

比較的小さなホテルに立ち寄ってみた。幸い部屋はあると言われてホッとした。しかし、一泊五十ドルと聞いて、私は「ちょっと高い」と言った。ホテルのフロントもロビーも高級には見えなかった。入り口を見てもっと安いと思って入ってみたのだ。するとフロント係の女性は先週までは百ドルだった、と言った。観光シーズン中は高くしていたが、今週から値下げしたのだと説明した。観光客が多い時は、それでも満員になるらしい。

このホテルで百ドルは絶対に高い。五十ドルでも高いと思ったけれど、ホテルの数が少ないならそれも仕方ない。バンフなら一年中観光客が訪れるけれど、ジャスパーとなると夏と冬のシーズン以外に訪れる客は少ない。夏でさえバンフ止まりのツアーが多いので、ジャスパーのホテルもそれ程大きくないところがほとんどだ。私は高いと思ったけれど、他のホテルも大差ないと考えられるし、空いた部屋があるかどうかもわからなかったので、そのホテルに泊まることにした。

スーツケースを運び込んだ部屋はいわゆるドミトリー・スタイルの部屋で、バンクベッドが三つ並んでいた。おそらく夏はトレッキングやカヌーなどのアウトドアを楽しむ若者たちが訪れ、冬はスキー客が泊まるのだろう。私はバンクベッドの下段にスーツケースを載せ、上段で寝ることにした。マットレスが古くてペコペコしていたので、持参していた寝袋をマットレスの上に敷いた。

ホテルの隣にあるレストランで夕食を取るつもりでロビーに行き、そこにあるパンフレットを見ていた。前もって調べてこなかった行き当たりばったりの旅なので、どこを見るという予定はなかった。ジャスパー周辺でどこか立ち寄って見る所があるかと、パンフレットを見ながら探していると、先ほどのフロントにいた女性が声を掛けてきた。

「レイク・マリーンは行ってみる価値がありますよ」

レイク・ルイーズやレイク・モレインは日本でも有名だけれど、レイク・マリーンは聞いたことがなかった。カナダ人でもあまり行かないけれど、とても美しい湖で五ドル札の裏面にそこの写真が印刷されているのだと言われて行ってみることにした。本栖湖から見た富士山の写真が千円札の裏側に印刷されているように、レイク・マリーンが五ドル札の裏側に印刷されているならば、きっと美しい湖にちがいない。私はフロント係の女性の勧めに従うことにした。

翌朝、フロント係の女性に行き方を教わってレイク・マリーンへ向かった。自家用車の乗り入れは禁止されていて、幹線道路の近くからレイク・マリーン行きの専用バスが出ていた。バスには中高年の観光客がたくさん乗り合わせた。間もなくレイバー・デイで職

レイク・マリーン

場や学校が始まるので、リタイアした人たちが混んでいる時期を少しずらして訪れているのだろう。シーズン終了間際なので人は少ないけれど、いろいろな施設はまだ動いていた。リタイアした人々がのんびりと旅行するには良い時期だ。

バスが湖に着くと、小さな桟橋に観光船が待っていた。レイク・マリーンに浮かぶモーターで動く唯一の船で、他に見えるのは手漕ぎのボートだけだ。湖の水質や周辺の自然を美しいままに保つために大切に守っている。広告看板やみやげ店なども見当たらなかった。

湖面はさざ波もたっておらず、周囲の景色がそのまま水面に映っていた。高い山々と針葉樹林に囲まれたカナディアン・ロッキー最大の氷河湖と説明書にもあるとおり、広々としていて本当に美しい湖だ。

桟橋を離れた船は周辺の美しい景色を見せながら、展望台のある向こう岸に着いた。そこにも小さな桟橋があった。乗客たちは下船すると、皆ある方向へ向かって歩き始めた。どこへ行くのかと不思議に思いながらついて行った。少し歩くと、今度は皆がカメラを取り出して写し始めた。そこはスピリット・アイランドと呼ばれる小島が正面に見える場所だった。そこから写した景色が五ドル札の裏面にあるものと同じアングルなので、皆はカメラを向けて写していたのだ。中にはわざわざ五ドル札を取り出して見比べている人もいた。私も何枚か写真を撮った。近くにいた人に頼んで、私と島を入れた一枚も写した。湖とスピリット・アイランドの向こうに見える山々の上にも雪が白く積もっていた。

私はもう一日ジャスパーに泊まることにした。一人旅なので無理は禁物だ。特に山道を夕暮れまで走ることは避けたかった。早めにチェックインしようと思い、ジャスパーの町の南側に前日のドミトリー・スタイルのホテルより少しましなホテルを見つけた。

翌日のスケジュールの参考にしようと、ロビーに置いてあったパンフレットを調べてみた。ジャスパーからバンフまでの間には有名な観光地がたくさんある。急いで通り過ぎないで一泊したのは正解だった。パンフレットに紹介されている名所も幾つか行ってみたい。どこも幹線道路から遠くない場所にあるので行きやすそうだ。

ジャスパーからさほど遠くない所にあるウィスラーという有名な山にはロープウェイで山頂近くまで登れると知って、せっかくなので行ってみることにした。二二七七メートル

ウィスラー山頂にて

の高さまで登るロープウェイに乗客は少なく、降りると皆どこかに散ってしまった。一人で岩だらけの山道を歩くと三八〇度見渡せるので、目が回りそうになった。人が見えないので少し心細かったところ、偶然岩の上に腰掛けていた女性に出会った。その人も私を見かけて嬉しかったらしく、しばらく一緒に歩いてお互いのカメラで写真を撮りあったりした。

それから私はすっかり観光客らしくなって、氷河も見に行った。広い駐車場のあるところで氷河専用のバスに乗り換えて氷河の近くまで行き、そこから雪上車に乗って氷河の中まで行った。そこはコロンビア大氷河のごく一部にあたるアサバスカ氷河と呼ばれている所だった。遠くから見ると氷河は白く輝いているが、近づくと土ぼこりらしい黒っぽいものがかなり表面についていた。手で触れると大粒のかき氷のようにザラザラしていた。地球温暖化が進んで、毎年少しずつ融けているという。氷河の大きな割れ目の中をのぞくと、奥のほうは緑色っぽく見えた。古代に生息していた生き物が奥のほうでまだ生き残って潜んでいるような、そういう気さえ起こさせる。危険な生き物が潜んでいるのならば、いつまでも氷が解けないで閉じ込めておいてほしいものだ。

カナディアン・ロッキーのなかで最も有名なレイク・ルイーズも幹線道路の近くにあった。周囲を針葉樹林で囲まれていたレイク・マリーンと違って、レイク・ルイーズは手前が広く開けていて、湖が一望できた。湖の正面にビクトリア山という山頂が氷河に覆われた高い山が見えた。そこから流れ落ちた氷河がせき止められてできた湖ということで、湖の色は乳白色をおびた緑色をしていた。まるで氷河が白い絵の具で、その白い色が湖水の緑色にとけてまざっているような色だった。

右手にフエアモント・シャトー・レイク・ルイーズという大きなホテルが見えた。深緑色の林の際にある大きな真白い建物は、景色にとけこむように美しく見えた。

岸辺に小さな男の子が二人いた。ホテルに泊まっている客の子どもらしい。「ハロー」と声をかけたら大きなほうの子が恥ずかしそうに「ハロー」と答えた。二人は近くの岩の隙間にいるリスを見ていたらしい。リスが岩の間から飛び出して、ピョンピョンと跳ねな

氷河

がら林のほうへ走っていった。二人の子どもにカメラを向けるとはにかんだ笑顔を見せてくれた。パンフレットや絵葉書で見慣れているレイク・ルイーズの全景を何枚か写真に撮った。そして城のように大きなホテルには寄らずに、そのまま少し南のレイク・モレインへ向かった。

レイク・モレインはレイク・ルイーズと違って青みがかった乳白色だった。同じ氷河湖なのに二つの湖の色が違うのは、氷河の含有物質が異なったためなのか。緑色と青色の異なる湖水はどちらも神秘的だった。ちょうど太陽が雲に隠れたせいか、あたり一帯がレイク・ルイーズより地味な景色に見えた。また近くに建っているホテルも白亜の城ではなく、山小屋風のログハウスが周辺の景色にとけこんで落ち着いた感じだった。私はここでも何枚か写真を写して出発した。

その日は先に進まず、レイク・ルイーズの町で一泊することにして、目にとまったレイク・ルイーズ・インという小さなホテルに部屋をとった。ジャスパーのホテルより少し高かったけれど、観光地なので仕方がない。無理に長距離を走るより、早めに宿を見つけるほうが安全だ。

翌朝は早く出発した。そのためにパンとコーヒーを持ち歩いていたのだ。七時半ころから動き出す観光客は私くらいらしく、道路はすいていた。私はどんどん南に向かって走り続けた。一度行ったことのあるバンフにもカルガリーにも立ち寄らずに通過した。

ジャスパーで入れた車の暖房のスイッチを切ったつもりだったが、故障したのか、車中が少し暑くなってきた。スイッチを何度か入れたり切ったりしてみたが、暖房は入ったままだった。走行中なのでそれ以上スイッチを調べるわけにもゆかず、ドアの窓を開けた。すると車窓から熱い空気が入ってきた。暖房装置が故障したのではなく、気温が上昇していたのだ。八月の終わりにしては暑すぎる温度だ。私はあわてて窓を閉めた。夏涼しく冬暖かいバンクーバーと違って、内陸部は夏暑くて冬寒いと聞いていたとおりだった。

メディソンハットでモーテルに泊まると、あとはトランス・カナダ・ハイウェイを一直線に東に向かって走るだけだ。これからは山はなくなってカナダの穀倉地帯、大平原が広がっていく。八月末はまだ緑色をしている平原も、九月になると一面が黄金色に変わる。そして冬になると雪に覆われた銀世界だ。夏と冬の温度差は大きく、ある人が言った「プラス四十、マイナス四十」は大げさかもしれないけれど、厳しい環境であることに間違いなかった。しかし、カナダは人によって摂氏を使ったり華氏を使ったりするので、時々混乱する。

私は急にファンベルトを思い出して、心配になった。この暑さの中を長時間運転して熱せられたら、切れるかもしれない。小さな木陰を見つけて車を停め、ボンネットを開けた。中は思ったとおり、かなり熱くなっていた。少し冷まそうと、ボンネットを開けたままにしておいた。けれど二十分や三十分で熱は下がりそうになかった。空気そのものが熱かったのだ。

いつまで待っても冷えそうにないので、ボンネットを閉め、次に泊まる予定のリジャイナに向かった。

ドッシリと重たい暑さだった。そのあたりでケローナのミセス大野から預かってきた大きなトマトが真っ赤になり、軟らかくなってきた。届け先のトロントまであと一週間以上あった。とてもそこまでもちそうになかったので、幾つか食べた。それでもかぼちゃのように大きなトマトは食べきれず、ブヨブヨしてきたものは捨てた。ミセス大野のニコニコ顔が浮かんだけれど、腐ったトマトを届けるわけにはいかない。リンゴの入った段ボール箱は開けないことにした。ミセス大野のことだから、緩衝材を入れずにそのままゴロゴロと入れてあるにちがいない。あまり揺れなかったとはいえ、リンゴどうしがぶつかりあって、その上この暑さだ。中味が傷んでいる可能性は充分あった。あと一週間以上、大丈夫だろうか。

メディソンハットを過ぎると、サスカチュワン州に入る。大草原の中にある学校で、一年半、私は地平線と墓標を眺めて過ごした。

私がサスカチュワンにいたときに、一番寒かった日はマイナス三十六度だった。寒いというより体中が痛かった。シャミーという薄いなめし皮が背中に入っている厚手のオーバーを着ていても、肩や腕などがシクシク痛んだ。寄宿舎と教室や食堂、体育館などが離れて建っていたので、時間割に従って建物の間を移動しなければならなかった。建物と建物の間を吹き抜ける風に吹き飛ばされないように、体を丸めて歩いた。

マイナス二十五度からマイナス五度くらいに気温が突然上がると、とても暖かく感じる。私は室内で着ていた半袖セーターで外に飛び出した。中庭の雪の上を歩き回っていたら、すぐに校長先生から伝令が飛んできた。気温が二十度上昇したからといっても、マイナス五度はまだ寒い。喜んで飛びまわれる気温ではないと言われた。それでもめったにない暖かな日だったので、クラスメートたちと積もった雪の上に倒れこんで人型をつくって遊んだ。その時雪の中に落としたイヤリングは、後日誰かが見つけて届けてくれた。

　麦畑や牧草の刈り取られたあとの大平原には、多少でこぼこした所があって、皆はそれを丘と呼んだが、私はそれをピンプル（ふきでもの）と呼んだ。学生の中には海を見たことのない人もいたし、ロッキー山脈の向こう側にあるバンクーバーははるかかなたの大都会だった。人々は少し保守的で、とても真面目で勤勉だ。冬は閉ざされてしまうため、お互いに助け合って暮らしている。

　寄宿舎の私の部屋からは地平線と墓地が見えた。夜は光一つ見えなかった。アルビノーニのアダージョを聴いていると、余計に気分が落ち込んだ。不規則に立ち並んでいる墓標を眺めながら聴いていると葬送曲のような悲しい響きだった。しかし、なぜか私は繰り返し繰り返しアダージョを聴いた。

　時々楽しい出来事もあった。夜クラスメートたちと雪の原を歩いて行き、花火を打ち上げた。打ち上げ花火といっても隅田川や多摩川で見るような大きな花火ではなく、家庭で子どもたちが火をつけるとシュルシュルと上がってポンと飛び散って終わるような花火だった。雪景色の夜に、私たちはそんな花火を二発打ち上げて戻ってきた。どういうわけか、大きな花火大会を見たよりも満足感があった。

　寄宿舎に戻る途中、街灯の下でキラキラとダイヤモンド・ダストが舞っていた。これは空気中の水分が凍ってダイヤのように光って見えるもので、よほど寒くないと見られない。

粒子が細かいため空中にただよって、まるで小さな生き物が踊っているように見える。光が当たっている部分だけ輝いて見えるので、ダイヤモンド・ピラーとも呼ばれている。一説には日本の雪女はこの現象を言うのではないかと聞いたことがある。

寒冷地で育った人たちは氷の上でも上手に歩く。私は何度も尻餅をついたけれど、クラスメートは靴のままでもスケート靴をはいているかのように、スーッスーッと滑って歩く。カナダ人がスケート靴をはいて生まれてくると言われる所以だ。

裏庭のフェンスの内側にホースで水を撒いておくと夜間に凍る。何日か水撒きを繰り返すと立派な屋外スケートリンクが完成した。また、大きなかまぼこ型の屋根の建物の内部にもコンクリートの上に水を撒くと、屋内スケートリンクができた。

屋外リンクはアイス・ホッケーやスピードスケート用で、屋内リンクはブルーム・ホッケーが主だ。ブルーム・ホッケーはほうきをスティック代わりに持ち、パックの代わりに軟らかいボールを使ってするゲームだ。アイス・ホッケー用のパックは硬いけれど、ブルーム・ホッケーのボールはプロテクターなしで楽しめる。参加人数も制限せず、男女混合でプレーできるので人気のあるスポーツだった。私は立っているのがやっとで、とても走り回ってボールを追いかける状態ではなかった。

学校にはアイス・ホッケー・チームがあって、時々他の学校と対抗試合をやった。そういう時にはほぼ全校で応援に駆けつけた。みんなホッケーが大好きだった。北米のプロ・

アイス・ホッケー・チームのメンバーはカナダ人が多い。子どもの頃からスケートリンクで滑っているのだから、上手なはずだ。

二年目のクリスマス休暇を過ごすためにバンクーバーに帰る途中、車が雪に埋もれてしまったのをきっかけに、ケローナの学校に転校した。残念な気もしたけれど、転校してよかったと思っている。学校に立ち寄ってみたい気もするけれど、まだ夏休み中なので閉まっているはずだ。毎日窓から見えていた墓地の墓標が何本か増えているかもしれない。


私はサスカチュワン州のリジャイナのYWCAで一泊してからマニトバ州へ向かった。ウィニペグに着いてすぐ、シェリルに電話した。以前約束していた電気毛布を届けに来たのだ。

シェリルは二LDKのアパートに住んでいた。ウィニペグはマニトバ州の州都なので大都会だけれど、高層建築は少ない。これだけ広々とした土地があるのだから、高い建物は必要ないのかもしれない。見上げるとさえぎるものがないので空が広く見えた。

カナダに来てからバンクーバーでもケローナでも扇風機を見たことがなかった。エアコンもなかった。それでもウィニペグではせめて扇風機くらいは必要ではないかと思うけれど、シェリルは団扇も扇子も持っていなかった。暑さに慣れているのだろうか。

シェリルには到着日を知らせてあったので、休暇をとって待っていてくれた。私はバンクーバーでたてた計画通りに旅を続けていたのだ。ベラがその日程表を壁に貼って毎日祈っていてくれるので、余程のことがない限り、変更するつもりはなかった。予定ではシェリルのアパートに二晩泊めてもらうことになっていた。

初めの一日はおしゃべりをして過ごし、夕食はシェリルの知っているステーキ・ハウスに行った。翌日はウィニペグ市内を案内してくれる計画だったが、あまり暑いので取りやめて、一日中リビングでおしゃべりして過ごした。夕食も外出せずにシェリルが作ってくれた。

バンクーバーを出発してから一週間走り続けたので、ウィニペグでの二日間はちょうど良い中休みになった。あとは次の目的地トロントまでひたすら東に向かって走るのだ。

朝の七時半ころ発つと、トランス・カナダ・ハイウェイを東に向かって走る車の正面から太陽が昇ってくる。車内についているサンバイザーを下ろしても、太陽のほうが下にあるので、片手で日光をさえぎらないと眩しくて前が見えない。なんでこんな道路の作り方をしたのだ、と文句を言いながら、片手で太陽を隠しながら運転した。

そして九月一日、私はサンダーベイに到着した。サンダーベイといえば、テリー・フォックスだ。私はテリー・フォックスが生きて、走って、そして死を迎えるまでをテレビ画面のなかで見守り続けた。サンダーベイは残念ながら病状が悪化して、走るのを断念した場所だった。そのサンダーベイに来て、私はテリー・フォックスの銅像の前に立った。

テリー・フォックスは骨肉腫で片足切断したあと、義足を着けて癌撲滅キャンペーンのためにカナダ東部から西に向かって走り続けた。片足義足なので楽に走れるわけはなく、相当痛そうだった。私たちはテレビの前で応援した。国中が見守っていたといっても大げさではないほど、皆で応援した。しかし、癌が肺に転移していることがわかった。それでも走り続けようとしたけれど、三三三九マイル走ったサンダーベイでついに終わりを迎えた。

「ここだったのか」

走り続けることができなくなった場所に建っている銅像を見た。テレビ画面と同じポーズで走るテリー・フォックスの姿が、湖を背景にして西を向いて立っていた。

テリー・フォックスが走ったニッピガンからサンダーベイまでの百キロは、テリー・フォックス・カレッジ・ハイウェイと名づけられて、所々に西に向かって走るテリー・フォックスの大きな看板が立っていた。

テリー・フォックスは銅像や看板だけではなく、〝テリー・フォックス・ラン〟というイベントも残した。これは一種の市民マラソンで、バンクーバーでも毎年行われた。走る人がスポンサーを集めて、一キロ走る毎にいくら寄付するという約束を取り付けて走る。

一人でも大勢スポンサーを集めて走ると、募金が増える仕組みになっていた。

集めた募金は癌撲滅のための研究に用いられた。私も知人の日系三世のために一キロ走るごとに二十五セント支払う約束をした。その人は小学校の先生をしているので知人も多く、二世の母親を通して日本人の協力者も集めていて、名簿には私以外にも三十人以上の名前と金額が書かれてあった。

私は小額だったけれど、皆は一キロにつき何ドルも何十ドルも約束していた。私は毎年一キロにつき二十五セントを約束したけれど、なぜか一度も集金されなかった。二世の母親に尋ねると、「いいよ、いいよ、ミーが払っといたから」と言って、実際に何キロ走ったのか知らされなかった。二十キロ走れば五ドルだし、四十キロ走れば十ドルだ。私は次回こそ自分で支払うつもりで、次の年もまた一キロにつき二十五セントを約束した。

5. 北の大地に暮らす人々——オンタリオ州北部

サンダーベイは五大湖の一つスペリオル湖の北岸にある。そこから百キロ続くテリー・フォックス・カレッジ・ハイウェイをニッピガンまで走ると、道が二手に分かれる。右手の十七号線を行けばスーセントマリーを通ってトロント方面へ、左手の十一号線を行けばコックレーンへと続いている。コックレーンは小さな町だが、そこから鉄道が出ていて、ハドソン湾の南にあるジェームス・ベイのほとりにある終点のムースニーまで、一日一往復している。私は以前、鉄道でムースニーまで二回行ったことがあった。今回の旅行ではどちらへも行く予定はなかった。懐かしい人々が住んでいる所だけれど、日程的に寄り道は無理だ。前に訪ねた時に、もう二度と会うことはないと思ってちゃんとお別れの挨拶はしておいた。日本に帰ってから手紙を出そう。

初めて汽車に乗ってムースニーへ行ったのは、夏休みを利用してワーク・キャンプに参加した時だった。偶然バンクーバーで知り合った綾子さんが、何やら珍しい所に行ってボランティアをすると聞き、詳しく聞きもせずに「私も行く」と急遽参加することにしたオペレーション・ビーバーズという団体のボランティア活動だ。その団体は毎年学生たちを集めてチームを組織し、何箇所かの未開の地と言ってもよさそうな僻地へ送って、その土地の人々のために働いているかなり実績のある団体だった。どこへ派遣されるかわからないけれど、クアドラ島のキャンプ場で働いた時と同様に、住居と食事が支給されるので、就労ビザが必要だった。ビザの変更は一度カナダ国外に出ないと申請できなかったので、大急ぎでシアトルへ行き、就労許可証をもらってきた。そして綾子さんと一緒に寝袋、ブーツ、作業着などを持って集合場所のトロントへ行った。

綾子さんは日本で美容師として働いていた人で、気分転換のためにカナダに来ていたところ、カナダの美容師に紹介されて知り合った。オペレーション・ビーバーズは学生だけでなく旅行者も参加できると聞いた綾子さんが行くことに決めて、私に話したのだ。とても人懐こい人で、いろいろな人からたくさん情報を得ては教えてくれた。日本にいたら知り合うこともなかった人と、まるで十年来の友人のように親しくなれたのは外国にいるせいだろう。綾子さんは新興宗教のかなり熱心な信者らしかったけれど、私を勧誘しなかったので、安心して付き合えた。

集合場所へ着くと、その日は夜まで自由行動だと言われた。綾子さんはトロント市内を見て歩きたいと言って、荷物を預けてから市内の地図を調べていた。私は茜さんに電話してみた。するとすぐに迎えに行くと言うので、綾子さんとは別行動をとって茜さんと会うことにした。

茜さんは日本にいた頃の知人だ。あまり人付き合いの良くない人で、友人もあまりいなかった。私は人のことをあれこれ詮索しないので付き合いやすいのか、こちらからは尋ねないのにごく自然に話しかけてきた。その頃の茜さんは一流大学を卒業してから大学院に進んでいたが、その後の進路について迷っていた。両親がトロントに赴任していて、茜さんはカナダへ行こうか、弟のために東京に留まろうかと迷っていたのだ。

ある日、茜さんのマンションでケーキを食べながら話していると、弟が帰ってきた。東大生でかなりハンサムな弟は「いらっしゃい」と私に軽く頭を下げた。茜さんとはまったく似ていなかった。二人とも頭は良さそうだったが、弟は茜さんと対照的な美形だった。茜さんは分厚いメガネをかけて、歯並びの悪い前歯が出っ張っていた。見かけでは弟にはかなわなかったけれど、性格はとても良かった。素直で生真面目な茜さんは私なら悩まないことでも、いろいろと考えて悩んでいた。

私が見たところでは、あの弟なら一人で大丈夫だと思われたが、茜さんにとっては大事な弟なので、一人残して行くことが心配らしかった。

しばらく後に私がカナダへ行くと話した時、茜さんの気持ちが動いた。さっそく両親の住むトロントの住所を書いた紙をくれて、カナダで会おうと言いはじめた。なんだか私が茜さんのトロント行きを後押ししたみたいだった。私はバンクーバーに行くことになっていて、トロントへ行くつもりはなかったけれど、念のためにそのメモを持ってきていた。

茜さんは父親の運転する車で迎えに来た。久しぶりに会った茜さんは日本にいた頃より明るくきれいになっていた。両親と住んでいる立派なマンションに着くと、話したいことがたくさんあるらしく、カナダに来てからトロントで何をしていたのか次から次へと話した。日本に関係のある行事でお茶をたてている和服姿の写真も見せてくれた。母親が茶道の師範で、茜さんと並んでお手前をしている写真もあった。

驚いたことに、マンションの大きな部屋の中に一段高くした畳敷きの一角があって、茶室のようにちゃんと炉も切ってあった。そこで茶道を教えたり、人をもてなしたりするのだろう。

両親は日本からの娘の友人を歓迎してくれた。父親は大きな会社のトロント支社長で、いかにも仕事ができる人という雰囲気があった。Tシャツにコットンパンツという普段着でも、こちらに背筋をちゃんと伸ばさせるものがあった。しかし、茜さんを見る目は優しく、目に入れても痛くない、という表現はこういう眼差しから出てきたのだと思わせる。母親はおっとりした品の良い人で、いかにも良妻賢母に見えた。しばらくすると親のいないところでもっと話をさせようと思ったのか、両親は私たちを残して隣の部屋に移っていった。

二人になってから茜さんが私のスケジュールについて尋ねたので、これから北の奥地に行ってボランティアをすることを話した。すると茜さんも行ってみたいと言った。今から行きたいと言われても無理だ。そこでまず私が行ってみて、結果をみてから、翌年行くように勧めた。

茜さんとおしゃべりをしている間に、母親が夕食を用意していた。夕食はすませたと言ったけれど、「簡単なものですから」と勧められた。茜さんと二人で食べるようにと、母親も部屋から出て行き、せっかくだから一緒に頂くことになった。

私は目の前に出された卵豆腐の上に載っている本物のワサビに驚いていた。日本にいたころでさえ、めったに生ワサビをすりおろして食べなかったのに、トロントでそれを出されたのには感動した。私は食べ物にそれ程執着のない人間で、天ぷらの代わりにフィッシュ・アンド・チップスでも充分間に合った。醤油や味噌がなくても暮してゆけた。しかし、トロントで本物のすりおろしたワサビを見ると、自分でも意外なほど感激した。トロントで売っているのだろうか。それとも日本から取り寄せたのだろうか。茜さんと話した内容はほとんど忘れたけれど、卵豆腐の上のワサビは、今でも覚えている。

それからしばらくして、門限に間に合うようにと、茜さんと父親に送られて集合場所に戻った。


トロントの集合場所には約六十人ほどの参加者が集まっていた。ヨーロッパやアフリカからの留学生が多く、アジアからは綾子さんと私の二人だけだった。七名から九名のグループに分けられ、それぞれの行き先と仕事内容が伝えられた。私と綾子さんは別々のグループに入れられた。

まず初めに二ヶ月間一ドルで働くという契約書にサインして、一ドル受け取った。たとえ一ドルでも、金銭の受け渡しがないと、契約が成り立たないのだ。

綾子さんはノース・テリトリーのどこかへ行くことになった。私はオンタリオ州の北部、ハドソン湾の南にあるムースニーに行くことになった。二人でシロクマが見られるかもしれない、と話し合ったが、そこまで北ではないらしい。

綾子さんと私はちょっと心細い顔を見合わせて、「二ヶ月後に会おうね」と言って別れた。

私のチームはドイツから来たがっちりして体力のありそうな女子大生と、金髪で可愛い顔のオランダの女子大生、後はアフリカのあちこちから来ている四人の男子留学生たちだった。留学生たちはこのワーク・キャンプに参加することによって、何らかのクレジットがもらえるらしい。それに二ヶ月一ドルで働くとはいえ、住居と食事が与えられるので、アルバイトができない留学生にとっては良い夏休みの過ごし方ではあった。三人の女性たちは個人では行けない北のはずれに行ってみたい、という好奇心にかられての参加だった。自分たちの行く先を正確には知らないまま、私たち七人はコックレーン経由でムースニーに行った。

コックレーンからジェームス・ベイの南にあるムースニーに行く汽車は、一日一往復しか走っていなかった。朝出発して夕方戻ってくるので、朝乗り遅れると翌朝まで待たなければならないという不便な汽車だった。私たちは駅の近くのホテルに泊まって、翌朝の汽車に乗った。ムースニーにはこの汽車しか行く方法がない。道路はなく、汽車の窓から見える川は急流や岩場もあって、カヌーやカヤックで行くのは無理なようだ。私たちが向かっているのは、本物の陸の孤島だった。

ムースニーに着くと、受け入れ側の世話人のような人たちが待っていた。ボブとマギーの夫婦で、これから私たちの仕事や日常生活についてコーディネイトをしてくれる人たちだ。毎年私たちのようなボランティアを受け入れていて、慣れているのか、必要以上に親しげに近づいてはこなかった。ちょっと距離をおいて、私たちを観察しているように見えた。

私はその時、まったく予備知識を持たずに行ったのでわからなかったけれど、現在はネイティブと呼ばれ、昔はカナダ・インディアンと呼ばれた先住民たちと、二百年ほど前にヨーロッパから来た毛皮商人たちと先住民との間に生まれた子どもたちの子孫でメイティと呼ばれる人たちがいて、両者は今でもある種の距離を持って接しているようだ。私たちはムースニーでその二つのコミュニティーと関わりを持つことになった。

ムースニーの町には小さいけれどスーパーマーケットもあり、郵便局やハンバーガー・ショップもあった。町に住んでいるほとんどの人はメイティの人たちで、白人と違わない外見の人たちも多い。色白で薄茶色や赤毛の髪の人も多く、瞳の色もまちまちだ。灰色の瞳の中の虹彩がきれいに放射線を描いていて、おもわず見入ってしまった子どももいた。

道路は広くて車の通りは少なかった。走っている車にナンバーがついていないものもけっこうあった。ここまで貨物列車に載せて運ぶしかない車は、走れる限り使い続けているらしい。都会では見ることのない旧型の車もたくさん走っていた。バンパーが曲がっていたり、車体がへこんで錆びていても、走る機能に差し支えなければ使用されていた。南の地域と道路が通じていないこの町の車は、貨物列車に載せない限りはカナダの他の地域へ行くことができないので、ナンバープレートさえも必要ないらしい。日常の必要物資は一日一往復する汽車で運ばれてくる。しかし、自分たちの車で他の町へ買い物に行くことはできない。大海原に浮かんでいるような、陸の孤島ともいえる所で、私たちの二ヶ月が始まった。

私たちのチームは町から歩いて二十分ほど離れた学校の寄宿舎に住むことになった。そこは冬季に雪などで通えなくなる子どもたちのための施設で、学校が夏休みの間、私たちに貸してくれたのだ。

寄宿舎はとても広く、私たち七人が入ってもガランとしていた。人の気配が少ないせいか、シーンとしている建物の中の空気がひんやりと涼しかった。周辺の木を切り倒せばいくらでも土地はあるので、校舎も寄宿舎も校庭も広々としていた。私たちはそれぞれ部屋割りをし、料理当番を決めた。キッチンは大勢の子どもたちのための設備なので、調理台も冷蔵庫もオーブンも大きかった。何台も並んでいる洗濯機や乾燥機、シャワー・ルームなど、寄宿舎にある設備はすべて自由に使うことができた。

食料品の買い物は、二十分歩いて町まででかけた。針葉樹林に両側をはさまれて一直線に走る広い道路は、車がほとんど通らない。この道を歩いている時の私たちは一番のんびりして、陽気で、楽しかった。

グループ・リーダーのロイが私たちの二ヶ月分の生活費を管理した。彼は真面目なクリスチャンで、ちょっと気難しそうだ。買い物のたびにレシートを受け取って、ノートに記入していたのは、トロントに戻ったときに会計報告する必要があるためだ。ロイはその責任を一身に負って、私たちが買った食料品をいちいちチェックしていた。私たちは彼がいくら預かっているのか知らなかったので、スーパーへ行くと自分の欲しいものを勝手に買い物籠に入れていた。しかし、最後の頃になるとロイは厳しい顔つきで、「金が残り少なくなってきたから節約するように」、と言って私たちの買い物に注文を付け始めた。

男性は四人ともアフリカ大陸の別々の国から来ていて、自費ではなく、官費留学か奨学金を受けての留学らしい。多分優秀な人たちなのだろう。

その中でもナイジェリアから来ていたジェイムスは頭の良さがすぐに目に付くような人

だった。卒業して国に帰ればエリート官僚になって、もしかすると将来は大統領にだってなれる人かもしれない。ジェームスは国に残してきた妻子の写真を自慢げに見せて言った。

「これが僕の息子たち。これが僕の子どもたちの母親」

妻と言わないで子どもの母親、という説明にひっかかった。「妻でしょう?」と言いかけたが、私は黒人とこんなに近くで話したことがなかったので、緊張してしまい、問いかけられなかった。ナイジェリアでは妻という表現はしない習慣なのだろうか。私の疑問はそのままになった。

あとの二人は印象が薄かった。一人はダンス狂といっても良いくらい、暇さえあれば同じ音楽をならしてステップを踏んでいた。首を振り、腕をウエストのあたりに曲げて、前に出たり後ろにバックするだけの単純なダンスだ。こういうダンスを延々と続けるのは、アフリカの血がそうさせるのだろうか。ステップを踏んでいる時は、何も考えていないような、没頭している顔だ。

もう一人は何をやってもいい加減な人だった。サボることばかり考えているみたいで、皆からはあまりあてにされなかった。何時も疲れた表情で、すぐ腰掛けて休もうとしていた。

オランダから来たアンはカールした金髪をポニーテールにしたり、束ねて上にまとめてみたり、その日の気分で髪型を変えていたけれど、疲れがたまってきた頃からは洗ったままになった。可愛いので周囲から甘やかされたせいか、ちょっとわがままなところもあった。しかし、子どものころの母親のしつけは厳しく、トースト一枚食べるときもナイフとフォークを使わないと、「ママにパチンと手を打たれた」と言っていた。母親がいない所では、立ち食いも歩き食いもして、けっこう行儀が悪いけれど、家に帰ればきちんとするのだろう。

ドイツから来たボニーはショートカットでボーイッシュな顔立ちだった。背も高くて体格の良いボニーは腕力もあって、男性並みの力仕事を好んでいた。それに比べると料理には興味がないらしく、彼女が料理当番の時は簡単なものが多かった。

スーパーマーケットに行けばなんでもあると思って育った私たちは、オレンジやリンゴやレタスなどの生鮮食料品は、週一度しか入荷しないことを知らされた。パンやミルクや卵は品切れすることはなかったけれど、オレンジやリンゴが欲しければ、汽車が運んでくる日に行かなければ売り切れてしまう。私たちはその日に合わせて買い物に行き、一週間分を手分けして持って帰った。その時の私たちの楽しみは、アイスクリームを食べながら帰ってくることだった。めったに車の通らない広い道を買い物袋を持ち、アイスクリームを食べながらのんびり歩いた。

時には町のハンバーガー・ショップでハンバーガーを食べることもあった。窓口でハンバーガーとホットドッグを売る小さな店には客席がなく、店の前に置いてある丸太を横にしたベンチに座って食べるか、持ち帰るかだ。私たちは近くにあった遊具に腰掛けて、ハンバーガーを食べた。有名なチェーン店のハンバーガーを食べ慣れている者にとっては、スパイスの入っていない肉と玉ねぎだけのバーガーの味は、なぜか新鮮で美味しく感じられた。

不思議なことに、休日に汽車に乗ってコックレーンまで行ってみようというアイデアは思い浮かばなかった。映画館も本屋もない所でなにをしていたのか思い出せないほど、何もせずブラブラして体を休ませていた。与えられた仕事は体力的にかなりきつい仕事だったので、休日に遊ぶことには気が回らなかったのだ。

私たちの宿舎の近くにネイティブ・リザベーションという先住民たちの住んでいる地区があった。私たちの仕事はその地区にある家々の外壁にペンキを塗ったり、屋根の補強をすることだった。

まずは全員で家の壁にペンキを塗った。家の前にはすでにペンキとローラーとブラシなどが置いてあった。これらはボブとマギーがそろえたものだった。

ペンキの塗り方などの説明はなかった。それでも私たちはペンキとブラシとローラーを手に取った。私たちは専門家として扱われていることに気がついた。そこで覚悟を決めた私たちは、それぞれが一軒ずつ受け持つかたちで仕事にとりかかった。まだ新しいプレハブのような平屋建ての家の外壁にブラシとローラーでペンキを塗った。ペンキ塗りは楽しかった。隅のところと出っ張ったところはブラシを使い、あとはローラーでゴシゴシこすった。近くに雑草が生えていたら、雑草ごとゴシゴシこすって塗った。

仕事は結果が目に見えるので楽しかったけれど、私たちには想定外の天敵がいた。スモール・ブラック・フライという小さな虫で、顔や首や頭髪の中にまで侵入して血を吸った。この虫は地元の人たちよりも新参者が好きらしく、私たちは全員虫の餌食となった。

かゆみはそれほどではないけれど、刺された痕がしみのようにうす黒く首や顔に残った。バンクーバーには蚊がいないので、虫除け対策など考えもしなかった。虫除けスプレーを持参すべきだったと後悔した。仕事を終えてからシャワーを浴びて髪を洗うとき、頭皮をひっかくと爪の中には固まって赤黒くなった血液と、スモール・ブラック・フライの死骸がたくさん詰まっていた。気のせいか、毎晩熱がでた。このまま二ヶ月間血液を失っていったら、貧血にならないだろうか。

地元の人たちに聞いたら、虫は香りのするものを好むらしい。そこで毎晩髪を洗う時はシャンプーをよく洗い流し、リンスをしないことにした。毎晩ゴシゴシ洗ってリンスしない毛髪は、脂分を失ってバサバサになった。香料をできるだけ洗い落としたけれど、それでも虫たちは髪の中に侵入し、耳の後ろや首筋などから血を吸った。毎年のことなのだから、この情報は本部で把握し、新しいメンバーに伝えるべきだと思う。虫たちは毎年やってくる無防備な新参者を待ち受けているのだから。

一人一軒半くらい家のペンキを塗ったあと、今度は屋根に上って釘打ちをした。平屋建ての屋根の勾配は急ではなかったので、怖いとは思わなかった。何よりスモール・ブラック・フライの数が減った。屋根の上まで追いかけて来る虫は少なかったのだ。

トタン屋根にすでに打ってある釘と釘の間にもう一本ずつ釘を打った。私は釘打ちが大好きだった。調子よくダンダンと釘を打った。そのうち左の親指が倍くらい太くなってきた。時々間違えて親指をたたいたので、腫れてしまったのだ。仕方なく人差し指と中指で釘をはさんで釘打ちを続けた。多少スピードは落ちたけれど、できないことはなかった。

屋根に釘を打ち終えてから、その上にペンキを塗った。塗る位置を考えながら塗らないと、屋根から下りる時にペンキ塗りたての上を歩くことになるので、梯子から遠いところから塗らなければならない。トタン板の照り返しが強くて、目に汗が入って困った。

男の人たちはもっと大変な仕事をしていた。家の床下を少し掘り下げてビニールを敷き、その上に砂を撒く作業だ。この作業は湿気対策のためらしいが、なにしろ地下一メートルあたりからは夏でも凍っている大地だ。床下に入るだけですぐ寒くなるらしく、出てくると唇が震えていた。それに彼らはアフリカから来た人たちだった。長い間は入っていることができず、すぐに交代した。

床下から犬の死骸が出てきて大騒ぎになったこともあった。犬の飼い主も知らないうちにそこで死んだらしい。冬の間は凍っていたので腐敗はしていなかった。飼い主が林のほうに持っていって埋めた。私たちは次の家の床下から何が出てくるかと、びくつきながら見守った。

「今度はネコが出てくるかもしれない」

「クマかも」

それぞれに勝手なことを言いながら、床下の様子を窺った。しかし、見ている私たちの前に放り出されてくるのは、空き瓶やゴミのたぐいだけだった。それを見届けてようやく納得した私たちは、自分たちの持ち場に戻った。

ペンキ塗りの次の仕事は、玄関ポーチを造ることだった。寒冷地に見られるように玄関の外にもう一つ玄関をつけて、雪や寒風が直接家の中に入るのを防ぐためのものだ。材料となる厚い合板の壁板と柱になるツーバイフォーの材料は、すでに寸法通りに切られて家の前に置いてあった。

私たちのノルマは三軒分の玄関だった。また来年来る人たちが残り何軒かを手がけるのだろう。すべての家のペンキを塗って、屋根を補強し、床下にビニールシートを敷いて砂を撒き、玄関ポーチを造り終わるのには何年もかかる。継続して作業しているので、いつかは終了するのだろうけれど、私は二度と参加しないことに決めた。仕事は面白いけれど、スモール・ブラック・フライは耐えがたい天敵だ。虫はこりごりだった。

ツーバイフォーと壁板を繋ぎ合わせるために、太くて長い釘を打ち付けた。合板の壁材がとても硬いので、ハンマーも大きくて重いものを用いた。私は重いハンマーを肩にかつぐようにして持ち上げ、全身の力を込めて釘めがけて振り下ろした。見当がはずれることもあった。何回打ちつけても釘はなかなか材木の中に沈んでいかない。歯をくいしばってハンマーを打ち続けた。ボニーは楽しそうに作業をしていたけれど、アンは不平ばかり言っていた。彼女もこんなハードワークだとは思わなかったのだろう。

その夜、私は右上の奥歯が痛くて眠れなかった。一日中ハンマーを振り下ろして、歯を強くかみしめ過ぎたのか。もしかすると歯が割れてしまったのかもしれないと思うほど、我慢できない痛さだった。

翌朝皆に相談した結果、私はこの地域唯一の病院に連れて行かれることになった。もちろんムースニーに病院はない。世話役のマギーがゾディアクと呼んでいるラバーボートを運転して湖に出た。三十分以上湖を北上すると、かなり大きな病院に着いた。ハドソン湾一帯の人たちのために、湖のほとりに建っている総合病院だった。

歯科医師は私の顔を見て、「どこから来たの?」と尋ねた。

「トウキョウ、ジャパン」と私は答えた。

一瞬、医師は間をおいて、「ユウ　アー　ウェルカム」と言った。

歯の治療のためにわざわざ東京から来たわけがないのだから、驚いたのだろう。たぶん私がネイティブかメイティの村から来たと思って、どこから来たのかと尋ねたのだ。私の外見はペンキの付いたジーンズとシャツ、髪の毛はしばらくリンスしていないのでボサボサに逆立っていた。おまけに額から顎のあたりまで、スモール・ブラック・フライにかまれた痕がたくさん残っていた。

私は痛む歯をカリカリ削って治療するのだと思っていた。しかし、歯医者はいきなり奥歯を抜いてしまった。そして抜いた痕にガーゼを詰め込んで、一日は右側の歯は使わないように、三日目に自分でガーゼを取り出すようにと言った。治療は一回で終了し、私は痛み止めと化膿止めの薬をもらった。遠方からボートで来院する人たちは何回も治療に通えないので、こうして一回で全部終えてしまうのだ。何回も通えないので、私にも異論はなかった。

治療費はたったの二十一ドルだった。バンクーバーなら一回診てもらうと百ドルは請求されたのに、ここではただのような金額だ。おそらくハドソン湾一帯に住む先住民やメイティの人たちのために、公的資金で運営されているのだ。道路が通じていない地域では、病気になっても病院に簡単に行くことができない。湾のほとりに総合病院があると人々は安心して暮らせるはずだ。

後で聞いたのだが、私はこの地方に来た三人目の日本人らしい。最初に来たのはあの総合病院で働いている医師で、二十年以上日本を離れているので、日本語を話そうとすると、アーとかウーとかしか出てこなくなっているらしい。あの時知っていたらちょっと会ってみたかったのにと、残念に思った。

そして本当に驚いたことに、二番目にこの地方に来た日本人は私の知っている人だった。ベラに絵はがきを出そうと、切手を買いにムースニーの郵便局に行った時、そこで働いている女性に日本人かと尋ねられた。白人の歯科医は私をメイティかネイティブと間違えたけれど、地元の人が見れば私が先住民でもメイティでもないとわかるらしい。しかもその女性職員のサンデーには日本人の友だちがいると言うのだ。

名前を聞いてさらに驚いた。個人的に話をしたことはなかったけれど、東京で働いていた時に時々見かけた人だった。私が働いていた事務所の隣のビルで、長い髪を後ろで束ね、大きなやかんをぶら下げながら口笛を吹いて歩いていたのでよく覚えている。その頃は宣教師になるための準備をしていると聞いたけれど、その人がカナダで、しかもハドソン湾近くに来ているとは知らなかった。近寄りがたい人だったけれど、この地に来た三番目の人間としては、二番目に来ていた人が急に身近な人に感じられた。

サンデーはその教子さんが二週間後にこの地を通過すると言った。いまトロントに行っていて、帰りにここに立ち寄ることになっているのだと聞いて、私は二週間が待ち遠しかった。その頃、私は肉体的にも精神的にも疲れがたまって、厳しい状態だったので、教子さんに会えると知っただけで、かなり救われた気持ちになった。

二週間後、私は休みをもらって教子さんに会いに行った。教子さんは彼女を宣教師として先住民の集落に派遣している団体の会議に出席するためにトロントに行った帰りで、唯一の交通機関である列車の終着駅のムースニーにはちょっとの間しか滞在しない。いきなり私が顔を見せたので、教子さんはとても驚いていた。そしてこんな地の果てのような所で日本人に会えるとは思っていなかったようで、喜んでくれた。しかしあまり話をする時間もなく、教子さんはすぐに北の先住民たちが住む集落へ戻って行った。

教子さんがあっという間に去ってしまったので、私は急に寂しくなった。けれどサンデーが妹のジョイスを紹介してくれたので、町に行く楽しみが増えた。

ジョイスと私は休日に軽飛行機に乗って、ジェームス・ベイの上空からハドソン湾周辺を見て回ったり、地元の人たちの集まりに行き、キャンプ・ファイヤーを囲んで歌を歌った。ギターの上手な男性が一人いて、その人の伴奏にあわせて合唱した。特に、〝アイ・ソー・ザ・ライト〟は何回も歌った。その後、交通取締りがないのを良いことに、ピックアップ・トラックの荷台に十人くらい乗り込んで、私の宿舎まで送ってくれた。彼らはメイティと呼ばれる人たちで、リザベーションの人たちとはあまり接触がなかったが、私たちが何か仕事をしていることは知っていた。私はジョイスに毎年行われるキャンプに参加しないかと、その時誘われていたのだ。それはムースニーとムースファクトリーの町が合

ムースニーの人たち。左端が著者、右端が教子さん

同で開くキャンプだった。私はもちろん次の年に行くと約束した。

奥歯を一本抜いた後、私は釘打ちを止めてノコギリに回った。日本のノコギリは引いて切るけれど、カナダのノコギリは押して切る。ツーバイフォーは硬いので、体重をかけてもなかなか切れなかった。また奥歯が痛くならないように、歯をかみしめないように気をつけてノコギリを押した。

二ヶ月がこうして終了した。最後の一軒の玄関がまだ完成していなかったが、仕事は途中でもかまわないらしく、ボブとマギーは今年はここまでで良いのだと言った。ドアと階段が取り付けられていないのが心残りだったが、それは来年来るグループの仕事に残しておいて、私たちは急いで帰り支度をした。皆早く帰りたくてたまらなかったのだ。とても長く感じた二ヶ月間だった。

それぞれのグループが与えられた作業を終えて、各地からトロントに戻って来た。二ヶ月ぶりに会った綾子さんは日焼けして、とても元気そうだ。

「楽しかった」と綾子さんは言った。

私は話すことが多すぎて、「大変だった」としか言えなかった。おそらく綾子さんもきつい仕事をしたのにちがいない。けれども私たちは個人では行くことのできない土地に行って、何らかの活動ができたことに満足していた。

バンクーバーに戻ると学校の準備に忙しく、綾子さんと話す機会がなかった。私はいつ帰国するかわからなかったので、間もなく日本に帰る綾子さんの住所を尋ねておかなかった。関西方面から来ていたので、日本に帰っても会う機会はないと思ったのだ。貴重な体験をするきっかけを作ってくれた人なのに、あっさり別れてしまった。けれど、綾子さんに会わなければ、北のはずれであのような珍しい体験をすることはなかったと、感謝している。

次の年の夏、私はジョイスやサンデーに誘われたキャンプに参加するためにムースニーを訪れた。バンクーバーからグレイハウンドのバスに乗ってコクレーンまで行った。前回はトロントまで飛行機だったので、是非ともグレイハウンドのバスに乗りたかったのだ。

バスは夜でも車内は少し照明を暗くしたくらいなので、手元ランプで本を読むこともできる。車内ではけっこう起きている人もいて、一人旅でも心配なかった。時々サービスエリアに止まると、乗客は真夜中でも降りて足を伸ばし、マフィンを食べたりコーヒーを飲んだりしてからバスに戻った。

サンダーベイでバスを乗り換えてコッククレーンへ行った。ムースニー行きの汽車は一日一往復で、朝しか出ない。私は前の年に七人で利用したホテルに泊まることにした。駅近くで、一度泊まったことがあるので様子はわかっていた。まるで開拓時代に建てられたようなホテルで、建物の壁に塗ってある青色のペンキには刷毛目のあとがみえていた。ペンキ塗りの経験がある私には、素人の仕事だと一目でわかった。

カウンターの奥から私が一人なのを見たフロント係は、一番奥の部屋の鍵をくれた。入り口近くの部屋には何人かの泊まり客がいた。私はあまり人目に付かないように早めに夕食をすませ、用心のために部屋の内側に椅子をたてかけた。悪人が侵入してくることは心配していなかったけれど、翌朝寝坊して汽車に乗り遅れることが心配だった。乗りそこなうと次の朝まで待たなければならないのだ。

汽車に乗り遅れないように心配しすぎて、あまりよく眠れなかった。

ムースニーに着くと、サンデーの働いている郵便局へ行った。サンデーがすぐにジョイスに連絡してくれて、私たちは一年ぶりに再会した。私はキャンプの始まる前の日に着いたので、サンデーたちの知り合いの家に一晩泊めてもらうことになっていた。サンデーたちの家は狭いので、知人に頼んでくれたのだ。私としてはどこに泊まっても良いけれど、知らない人を泊めてくれるのだろうかと心配だったが、教子さんもここを通過する時はその家に泊まるのだと説明された。

私が一晩泊めてもらう家は、かなり大きくて、立派な家だった。その家に行くとドロレスという白人の主婦が快く迎えてくれた。ドロレスは初めて会う私を教子さんの友だちと聞いて迎えてくれたのだ。私が教子さんの友だちと言えるかどうかわからないが、知人ではあるので、遠慮なく一晩泊めてもらうことにした。

ドロレスには小学一年生の男の子がいて、私が尋ねた日が学年末の日だった。北部の学校なので夏休みを短くしているらしい。フィリップという名の男の子は、帰るとすぐ母親に「進級できた」と嬉しそうに伝えた。カナダでは小学生の時から落第があって、フィリップは進級できるかどうか心配していたのだとドロレスが教えてくれた。ドロレスの笑顔を見ると、落第などするわけがないらしかったが、フィリップは真剣に受け止めて勉強したらしい。

フィリップはカールした薄茶色の髪と華奢な体格がドロレスに似ていた。とても繊細な感じで、大切に育てられているのが見て取れた。しかし甘やかされてはいないようで、お腹がすいたと言うと、「夕食まで待てないのなら、人参を食べていなさい」と言われていた。フィリップは口答えをせずに、自分で冷蔵庫を開けて人参を出し、皮をむいて食べ始めた。いつものことらしく、皮むき器の扱いが上手だった。

飾られている家族写真を見ると、ドロレスの夫は口ひげをはやしたちょっとハンサムな男性だった。彼はトロントに出張中で留守だった。母と子二人の時に、見知らぬ私を泊めてくれるなんて、教子さんはとても信頼されていると思った。サンデーにしてもジョイスにしても私とは数回会っただけなのだ。

夕食後、ドロレスは夫について話してくれた。トロントの大学で知り合って結婚した夫は、メイティといわれる白人と先住民との間に生まれた人たちの子孫で、地元の小学校の先生をしていた。その日は学校の連絡会議に出席するためにトロントに出かけていた。彼は学校の上層部といつも闘ってくるのだとドロレスは言った。メイティとして生まれ、白人社会で教育を受けた人なので、人種差別問題にたいしてはとても鋭敏に感じるところがあるらしい。白人の優越感に対して、涙を流して憤慨することもあるとドロレスは付け加えた。白人のドロレスがそれを聞いてどう感じるのか、私は尋ねることができなかった。

先住民の自殺率は高く、特に教育程度の高い青年層の自殺率は、白人の六倍だとか。失業率が高く、ドラッグやアルコール依存の問題もあるらしい。リザベーションに住んでいれば生活は保障されていても、将来の展望が見えてこないために絶望してしまうのだ。一年前には知らなかったことをドロレスから聞いて、リザベーションに漂っていた空気感を思い出した。

私はジョイスたちと一緒にゾディアクに乗って、ジェームス・ベイを北上した。岸辺がかなり開けている所に着くと、すでにテントの材料は運ばれていて、それぞれが自分たちのテントを張り始めていた。私もジョイスとロープを引っ張ったり、テントの布を押さえたりして手伝った。何人か男の人たちがチェーンソーで木を切り倒して、テントを張る場所を拡げていた。掛け声を掛けたり指示する人はいなかったけれど、それぞれが働いて次々にテントを立てたり調理場を作っていった。私にはジョイスと一緒のやや小さめのテントが割り当てられた。サンデーたちのテントは少し離れた所にあった。

自分たちの着替えや洗面用具を入れたバッグと寝袋をテントに運び入れてから、今日の予定を尋ねた。

「スケジュールはどうなっているの？　これから何をするの？」

プログラムを受け取っていないので、これからのスケジュールが知りたかった。

「さあ……どうかな」とジョイスは興味なさそうに答えた。

私の知る限りでは、キャンプでは予定表や役割分担があるはずだ。これだけ多数の人たちが集まったのだから、開会式らしいものもあると思ったのだ。

「少し歩いてみよう」とジョイスが言った。

まだテントの準備や荷物を整理している人たちの間を歩いて、空き地と林の境目まで行ってみた。参加者が増えてテントの数が多くなれば、そのあたりの木を切って空き地を広げることができる、便利な場所だ。今年は数本切り倒されていた。

このキャンプはムースニーとムースファクトリーという二つの町が合同で行っているもので、以前は交流のなかったネイティブとメイティが顔を合わせる機会を作ろうと企画されたらしい。だからプログラムを作って何かをするよりも、とにかく一週間共に過ごそうという趣旨のキャンプなのだ。

「ポーラーベアはいるの?」と聞いてみた。私はまだグリズリー・ベアもシロクマも見たことがなかった。

「このあたりまではクマは来ない」とジョイスが言った。

これだけたくさんテントがあれば、クマも近寄っては来るまい。ノース・バンクーバーに住んでいる人が庭の水道で何かを洗っていると、背のあたりで息を感じて振り返ったらクマと目が合って、ギャーッと叫んだらクマが驚いて逃げていったという話を聞いたことがある。シロクマはもっと大きいから、出会ってしまったら危険だ。ただ、ここまでは南下しないらしいので安心した。それにこれだけの大人数だからクマのほうが用心するはずだ。

やがてこのキャンプはスケジュールだのプログラムだのに縛られない、自然発生的に行動するキャンプだということがわかってきた。お互いのテントを訪ねたり、歩き回って時間を過ごす。のんびりとした時間を共有することが大切なのだ。何百年もの間、時間に追われることなく生活してきたネイティブの人たちにしてみれば、ゴチャゴチャしたスケジュールをつくって予定に振り回されるのは気ぜわしい限りなのだ。集まりたい人は集まり、休んでいたい人は休むという、ゆったりとしたキャンプだった。

私たちは幾つかのテントをのぞいて挨拶をしたり、歩き回っておしゃべりをして自分たちのテントに戻った。

私が感心したのは、人々の時間の感覚だった。体内時計とでもいうのだろうか。体の中のリズムに合わせて生きているという感じがした。ジョイスは時計を見ずに正確に食事の準備をした。ジョイスがお湯を沸かして食事の支度を始めると、時計を見なくても、正午だった。

それぞれが自分たちの食料を持参していたので、空腹になれば食べるものを取り出した。私たちが食べはじめると、近くのテントの人が燻製にした鹿の肉や雁の肉を持ってきて

ムースニーのキャンプ場で

くれた。私が骨付きの雁の肉をかじったら、ガリッと音がして鉛の破片が出てきた。散弾銃の弾だった。

「ボブが獲ってきたのよ。気をつけないと、時々弾が入っている」とジョイスが言った。燻製にした雁の肉は少し硬かった。

私はキャンプ・ファイヤーを期待していた。昨年バッジがギターを弾いて皆が歌ったのを覚えていた私は、バッジがギターを持ってきていないのが意外だった。皆で歌えば楽しいに決まっている。しかし、残念なことにバッジは奥さんや子どもたちと来ていたのに、ギターを持ってこなかった。それにキャンプ・ファイヤーもなかった。このキャンプは皆が一緒に過ごすのが目的で、特に何かをする予定はないのだ。

テントの横に置いたポリタンクに入れた水で歯をみがき顔を洗って、食器は共同の調理場で洗った。大きなドラム缶に水が入っていて、蛇口からちょろちょろと出てくる水でコップや皿を洗い、テントに持ち帰った。お風呂はキャンプの間は入れなかった。

どういう訳かわからなかったけれど、私は四日目を過ぎると疲れてきた。体も動かさなかったし、必要以上に気をつかったわけでもないのに、体も心も重たくなってきた。

私はどこでも生きていけると思っていた。食べ物にもあまりこだわらないし、一週間くらいお風呂に入らなくても平気だと思っていた。だから自分でも苦しくなってきたことの理由がわからないのだ。ネイティブやメイティの人たちと共にいて、彼らの生命力の強さに圧倒されたのかもしれない。彼らはすごい。

五日目の夕方、飲料水を汲みがてら、残してきた子どもたちの様子を見に町まで行く夫婦がいる、とジョイスが言った。ジョイスは私の顔を見た。私はジョイスの顔を見た。そして夫婦と一緒に町に帰ることに決めた。ジョイスには私がかなりまいっていることがわかっていたのだ。ジョイスがうなずいて、私をゾディアクに乗せてくれるように頼んでくれた。途中で帰るなんて、申し訳ないと思ったけれど、帰るボートがあるのを知って、急に帰りたくなったのだ。町に行くボートがあると聞かなければ、きっと最後までキャンプに留まったはずだ。しかし、帰る方法があると聞くと、気持ちがプッツンと切れたようになって、あと二日間待てなかった。

夜になってチャーリーとベッキーと共に町に向かうゾディアクに乗った。エンジンが規則正しく響いていた。舳《へ》先《さき》にライトを付けたゾディアクは、静かな水面に白い波を立てて進んだ。私は空気でふくらんだゴム製の側面に寄りかかって、その波を眺めていた。

あたりはうっすらとほの明るかった。月が出ているのかと見上げた空には、月も星も見えなかった。ただ、何か白っぽいものが蠢《うごめ》いていた。私は首を巡らせて夜空を見渡した。すると真綿を引き伸ばしたような、綿菓子を吹き散らしたような、白っぽいもやもやしたものが、空一面にワサワサと動いていた。

「オーロラだ」とチャーリーが言った。

私が見たことのあるオーロラは、上空からカーテンのように垂れ下がっていて、真紅の美しい光を放っていた。こんな空一面に蠢いているものがオーロラだと言われても、にわかに信じられなかった。しかし、地元の人が言うのだから、オーロラに違いない。

「こんなに一面に出るのは珍しいわ」とベッキーも空を見上げた。

白いモヤモヤしたものがまるで生き物のようにザワザワと蠢いて、今にも襲いかかってくるように見えた。私は少し気持ちが悪くなった。得体の知れないものに上空から見下ろされているような感じがして、胃のあたりがむかむかした。丸い地球の上にポツンと私たちのゾディアクが浮かんでいて、宇宙からなにものかに狙われているみたいだ。私は怖くなって、上を見るのを止めた。

おそらくオーロラは少し離れたところから見るならば、カーテンのように見えるのだろう。しかしそのカーテンの真下に入ると、私たちが見たように、上空一面に覆いかぶさるように広がって見えるのだ。見渡す限りに広がって、白っぽくユラユラと揺れていたけれど、遠くから見れば綺麗な色がついているのかもしれない。北の凍土に住んでいる人も自然も凄すぎる。

一週間のキャンプが耐えられずに逃げ帰った私を見て、ドロレスは言った。

「大変だったでしょう」

ドロレスも以前キャンプに参加したことがあったにちがいない。白人社会からネイティブやメイティの住む町に来ているドロレスにとっても、なかなかとけ込めない部分があるに違いなかった。ドロレスは遅く戻って来た私に多くは尋ねず、ベッドの用意をしてくれた。


それから数年後、ムースニーで偶然出会った教子さんが、バンクーバーの私の下宿に一週間ほど滞在した。

教子さんは十年以上、オンタリオ州の北部にある先住民の居留地で宣教師として働き、今度はカナダの派遣団体の決定でイヌイット（エスキモー）のために派遣されることになった。教子さんは日本の本部に経過報告のために一時帰国して、再びカナダに戻って来たのだ。せっかくオンタリオ州でネイティブの言葉を覚え、生活にも馴染んできたのに、まったく別の場所に移動することになってしまった。歴史も文化ももちろん言葉も違うイヌイットの人たちの土地に派遣されることになり、さぞかしガッカリしていると思ったら、案外落胆していなかった。

「もう決まったことだから」とグチも文句も言わずに、新しい任地への興味を持ち始めていた。

私は教子さんがイヌイット語の辞書や関係のある資料を買うのに付き合って、バンクーバーを案内した。買い物の途中で立ち寄ったカフェテリアで、私は自分の好きなものを選んだけれど、教子さんは違った。

「これは何？　食べたことのないものだから、これ食べてみよう」と言って見たことのない、味もわからない皿を取った。宣教師として地の果てまで派遣されるのはこういう人なのだと妙に納得した。

彼女は両手に血のしたたっている生肉をあごの下のところに持って、口を開けている写真を見せてくれた。

「皆と同じものを食べることも大切なのよ」

写真の中で笑っている教子さんの口の周りは血で赤く光っていた。

「すごーい」としか言えなかった。

それにしても教子さんはすごい人だと思った。私が五日間で逃げ帰ってきたような土地で、十年以上も活動し、今度は新しく別の奥地に派遣されていくのだ。私が怖くて見続けられなかった空一面のオーロラも、教子さんなら口笛を吹きながら見上げていられるにちがいない。

教子さんはバンクーバーで準備の買い物をすませると、両手に荷物をたくさん抱えて、北へ旅立っていった。

6．歴史を感じさせる街——ケベック・シティ

あと二日もすればトロントに着く。なぜか車を運転していてワクワクする気持ちが湧いてきた。私はサンダーベイからスペリオル湖にそって十七号線を東に向かって走った。なだらかな山道が続いて、周辺には針葉樹にまじって落葉樹が多くなった。おそらく有名なメープルの木なのだろう。まだ九月に入ったばかりなので紅葉はしていなかったが、あと二・三週間もすれば紅葉の美しい景色が見られるようになる。

スペリオル湖とその東にあるヒューロン湖はセント・マリー川によって繋がっている。その川の北岸にあるスー・セント・マリーという町で、私は一泊した。

二つの湖を繋いでいるセント・マリー川の中央がアメリカとの国境線らしく、両国の間に架かる橋には関門があった。紅葉の季節にはアメリカ側から大勢の観光客が橋を渡るか、橋の隣を走る鉄道に乗って訪れるに違いない。ケベック州の有名なメープル街道だけでなく、オンタリオ州にもあちこちに美しい紅葉の名所がある。

暖流が昇ってくる西海岸とちがって東海岸は冬寒くて夏は暑いと聞いていた。しかし、やはり九月になれば気温も少しは下がってきたのだろう。まだ紅葉は見られなかったが、車窓を開けると心地良い風が入ってきた。そのうち、さわやかな空気にまじって、かすかにスカンクの臭いがしてきた。誰かがスカンクを轢いたらしい。スカンクを轢くとタイヤや車体の下についた臭いがいつまでも消えないから大変だ。路上にスカンクの死骸がないか、確かめながら走っていた。たとえ死骸であっても、タイヤにつくと臭いはなかなか消えないのだ。

地図を見ながら運転する者にとって困るのは、突然道路の番号が変わることだ。日本でも国道二十号線がいきなり都道二五六号線になって驚いているうちに、また二十号線に戻ったりするので文句は言えないけれど、カナダでも時々番号が変わってびっくりさせられる。

トロントが近づくにつれて、髪が逆立ってくるのを感じた。前にトロントに来た時は飛行機だったので、ハイウェイを走って市街地へ入るのは初めてだった。中古のマーキュリー・ボブキャットは時速九十キロくらいで走るようにと言われていたのに、皆は百キロかそれ以上で走っていた。私一人が九十キロで走るわけにはゆかなかった。ひどいことになったと思いながら、百キロで走った。それでも隣の車は私をどんどん追い越していった。

早くハイウェイから降りたいと、トロント市街への出口を探した。標識を見落とすまいと、目玉が乾くほど注意深く見ながら運転したのに、私はハイウェイを降りそこなった。超高速で走る六車線の中にはさまれて、急な車線変更ができなかったのだ。ハイウェイの出入り口は外側の車線にあると思っていたら、トロントの出口は中央寄りの車線から降りるようになっていた。慌てたけれど、あっという間に通り過ぎてしまい、仕方なく次の出口まで走り続けた。

三十分ほど走ってようやく外側の車線からハイウェイを降りた。また三十分走ってトロントの出口に戻ることを考えると、少し憂鬱だった。ハイウェイでこんな恐ろしい思いをするとは思わなかった。しかし、私にはトロントに行かなければならない三つの用事があった。一つは大きなピクルスのビンを届け、次にリンゴの入った段ボール箱を届け、そしてパク先生を訪ねることだった。本当はあの大きなトマトも届ける筈だったけれど、途中で熟しすぎて捨ててきた。

ハイウェイを降りてから、トロントの市街地図を買った。多少方向音痴ではあったけれど、地図を見ながら目的地に着くのは何とかできる。まずピクルスを届けてから、リンゴの届け先を探すことにした。

ピクルスの届け先はトロントから南に行ったハミルトンという町で、私が訪ねることは前もって知らせがあったらしく、ミセス大野の友人夫妻が喜んで迎えてくれた。戦後、強制収容所から解放されて、この地に移ってきた日系二世の夫婦だった。この人たちもニューデンバーで会った人たちのように、穏やかで優しい人たちのようだった。私がトマトを途中で捨てたことを話すと、「そんなものまで持たされて、大変だったわね」と気の毒がってくれた。夫人がリンゴの届け先に電話をしてくれたけれど、不在だった。

翌日もトロントに留まる予定なので、また電話するつもりだったが、ちゃんと届けられるか少し心配になってきた。トロントの次はモントリオールとケベック・シティに行くつもりだったが、帰りにまたトロントに立ち寄りたくなかった。六車線のハイウェイを何度も乗り降りしたくなかった。

「ここでもリンゴは採れるのにね」と夫人が私の顔を見てポツリと言った。

このあたり一帯はオカナガンのように果樹園が多いらしかった。つまり、私がオカナガンのリンゴをオンタリオに運んできたということは、長野のリンゴを青森に運んだようなものらしい。ミセス大野だってそのことは知っている筈なのに、私がトロントに行くと聞いて急に思い立ったのだろう。トマトだって袋に入れる間もなく、むき出しのまま車に積み込んだのだった。渡せなければ捨ててもいいと言っていたけれど、できれば翌日中には届けたいと思った。

泊まっていくように勧められたけれど、私は約束があるからと断って、トロントにあるパク先生の家に向かった。バンクーバーやケローナのようなのんびりした所に慣れているせいか、トロントのような大都会での運転は緊張する。日が暮れる前にパク先生の家を探そうと、また目が乾くほど地図と道路標識を見比べながら運転した。

パク先生たちはトロント郊外の牧師館に住んでいた。ジョン君はもう大学生になっていて、すっかり青年らしく成長していた。こぢんまりとしてのんびりしたケローナからトロントのような大都会に移り、大変かと思ったが、やはりパク先生たちは静かに暮らしているらしかった。

私とパク先生の付き合いは短いものだった。ケローナにいた頃、日系人合同教会があると聞いて訪ねたのが始まりだった。とても小さな教会だったけれど、英語のよくわからない一世のために日本語で、日本語のよくわからない二世のために英語で、一度に二ヶ国語で礼拝している珍しい教会だった。そういう教会の牧師を引き受けられる人はあまりいなかったので、困っていた時、パク先生が引き受けたのだ。パク先生はきちんとした美しい日本語を話し、英語も聞き取りやすかった。そして何よりも優しかった。

私は何回かその教会の礼拝に出席して、そこの日系人たちとも知り合いになった。その教会では正面に向かって左手に一世たちが座り、右手に二世たちが座った。讃美歌を歌うときはメロディーが同じ曲を左手に座る一世たちが日本語で、右手に座る二世たちが英語で同時に歌った。説教は日本語を少し話した後、英語で同じメッセージを繰り返していた。日本語をほとんど理解できない三世たちは地元の英語の教会に行くらしく、若い人は来なかった。二世たちもかなり年をとっていたけれど、親たちのためにその小さな教会を支えていた。ミセス大野もそこで知り合った二世だった。

ある時、パク先生の腰痛が悪化し、長時間の車の運転が苦痛になったので、私が何回か運転してあげた。夫人は免許を持っていなかったし、ジョン君はまだ高校生だった。ベッドに板を敷いて寝るほど腰が痛かったパク先生は、私の運転をとても喜んでくれた。

その後トロントに移動になった時、トロントに来る機会があればと連絡先を渡してくれた。夫人も短い付き合いだったのに、小さな赤いサンゴのついたブローチをプレゼントしてくれて、ぜひ寄ってと言われていたのだ。

私はパク先生の傍にいるとザワザワしている心がスーッと落ち着くのを感じた。小さなことでジタバタしている心が楽になったりもした。それはきっと先生がいつも損得勘定から距離をおいて生きてきた、学者肌の気質からきているのだと思う。ある人が「パク先生の持っている博士号はとても価値のあるものだ」と言っていた。学歴からすれば社会的に出世してもよいはずなのに、先生はそういう生き方を選ばなかったのだ。牧師のなり手のいなかった小さな教会を引き受けたことからも、先生の人柄がわかる。

ミセス大野から預かってきた段ボール箱のことを話すと、先生が先方に電話してくれた。やはり不在だった。明日も連絡がとれなかったら困ると思った。モントリオールとケベック・シティを回ったあと、トロントには寄らずに帰るつもりだった。リンゴのために何回もハイウェイを降りたくない。明日中に連絡をとって、荷物を引き渡したかった。

ミセス大野の性格をよく知っている先生が言った。

「あの人は良い人だけれど、自分勝手ですね」

私もそのとおりだと思った。そして、ミセス大野の無邪気な笑顔を思い浮かべながら、届けられなかったら、どうしようと考えた。

「明日また連絡してみましょう」とパク先生が言った。

翌日、先生にナイアガラに行こうと誘われた。ナイアガラの滝はテレビや写真で見て知っていたので、自分一人では行くつもりがなかったけれど、せっかく先生が言ってくださったので、連れて行ってもらった。

ナイアガラの滝はカナダとアメリカの間にあって、カナダ側の水量のほうが圧倒的に多い。かつてアメリカがカナダ側の土地を買いたいという話があったと聞いたけれど「お金を出せば何でも買えると思ったら大間違いだ」という知人の言葉のように拒絶したらしい。アラスカをロシアから買ったようにはいかなかったのだ。

私たちはカナダ側のナイアガラの滝を上から見下ろした。水煙がかなり上まで舞い上がってきた。

「ボートに乗ってみませんか？」と先生が私に尋ねた。

おそらく先生は知人がトロントを訪れるたびに、何度もナイアガラに案内し、何回もボートに乗ったに違いなかった。展望デッキから見下ろすと、ボートがかなり滝の近くまで接近して揺れていた。

「上から見るだけで充分です」と言って私は断った。一日時間を割いて案内してくださるだけで、充分だと思ったのだ。

私たちは展望台の近くにあったベンチに座って、花壇に植えられた赤い花を見ながらアイスクリームを食べた。

ナイアガラから帰った後、もう一晩泊めてもらった。夜になってようやく連絡がとれて、翌朝モントリオールに発つ前に、荷物をオフィスに届けることになった。私がミセス大野から荷物を預かっていると言うと、相手はあまり嬉しそうではなかった。嬉しければこちらに取りにくるはずなのに、そのつもりもなさそうなので、私が届けることになってしまったのだ。

翌朝、パク先生たちに見送られて出発した私は、まだ早いので開いていないオフィスの入り口に段ボール箱二つを置いて、そこを立ち去った。ミセス大野のリンゴはあまり喜ばれていないようだった。


夕暮れ前にモントリオールに着きたいと思った。カナダの夏の日没は遅いけれど、モントリオールのような大都会で泊まる所を見つけられるか心配だった。どこも満室ということだってありえる。それに私はトロントのハイウェイで降りるのを失敗していた。モントリオールではちゃんと間違えないように降りようと、目をこらして運転した。

幸いなことにモントリオールの車はそれほどスピードを出していなかった。そのかわり街中での駐車の仕方はひどかった。歩道寄りに停めた車の車道側にもう一台停めてあって、完全に走行車線を塞いでいる。それなのに誰もクラクションを鳴らしたりせず、隙間をすりぬけて走っていた。これではスピードが出せないので、かえって安全かもしれなかった。私は市街を歩くのに便利そうな場所で、それ程高くないモーテルを見つけることができた。

ジーンがモントリオールよりケベック・シティのほうが良いと言っていたけれど、せっかくなので町の中を見て回るつもりだ。

モーテルにチェックインしてから、徒歩で旧市街地へ行ってみた。イギリス風の印象がつよいビクトリアに比べると、やはりフランス風の町並みだ。それほど広くない道路にオープンカフェが並んでいて、たくさんの人が座っていた。

私はできれば、そこに座ってカルバドスが飲みたいと思った。少し前にパリに行った時、エトワールの凱旋門が見えるカフェの路上にある席に座って、カルバドスを飲んだ。高校生の頃に読んだレマルクの「凱旋門」の中で、主人公がいつも飲んでいたリンゴから作ったブランデーだ。その時から「大人になったらパリへ行って、凱旋門を見ながらカルバドスを飲もう」と思っていた念願のカルバドスだった。

私のたっての願いに付き合ってくれた五人の女性たちと、あこがれのカルバドスを注文した。凱旋門もちゃんと見えた。しかし、すぐ近くで若い警官が行ったり来たりしながら、時々こちらを見ているのに気がついた。日本人は若く見られて、飲酒の時は確認されるというようなことを旅行者たちが語っていたので、私たちにも疑いがかけられたのかもしれなかった。私たち全員とはいわなくても、何人かは若く見えたらしい。

「私たちが未成年かと思って見張っているのかしら」

「飲み終わるまで待つつもりよ」

「ゆっくり飲みましょうよ」

「そのうち諦めるかしら」

私たちも時々警官のほうを見ながら、わざとゆっくりカルバドスを飲んだ。

警官の正面に座っていた私は彼と何回か視線が合った。やがて彼は私たちが充分彼を意識していることを知ったらしく、ウィンクして行ってしまった。

「粘り勝ちね」

もちろん私たちは全員とうに成人に達していた。

こういうわけで、私の長年の夢であった凱旋門を見ながら飲んだカルバドスは、味気ないものになった。あまりチビチビ飲んだので、味がわからなかったのだ。

だからどことなくフランスの雰囲気が感じられるモントリオールのカフェテラスでもう一度カルバドスを飲みたいと思ったのだ。しかし、ほぼ満員のテーブルに一人で座ってカルバドスを飲む勇気はなかった。一人旅は気楽だけれど、こういう時は不便を感じる。それにその土地で飲んだ地ビールを買って帰っても、家で飲むとそれ程美味しく感じないものだ。サンミゲルを買って帰ったけれど、フィリピンで飲んだ時ほどおいしくなかった。カルバドスもパリとモントリオールでは味が違うかもしれない。私は残念な思いをイソップの酸っぱいブドウの話を思い出して諦めた。やっぱりカルバドスは凱旋門を見ながら飲まなくちゃね。

結局私はファストフード店のお世話になった。ナイジェリアから来た留学生は「マクドナルドは貧乏人の食べものだ」と言っていたけれど、安いしレストランより入りやすかった。

まだ充分明るいので、ノートル・ダム大聖堂にも行ってみた。道路にわかりやすい標識が出ていたのだ。入り口付近を改修工事しているらしく、足場が組まれて一部シートで覆われていたが、正面の扉が開いていた。大聖堂の前の広くてゆるやかな階段を登って中に入った。パリのノートル・ダムには観光客が大勢いたけれど、モントリオールの大聖堂は人が少なくて静かだった。パリに負けない立派で荘厳な感じのする聖堂の中を見回していると、地元の人たちらしい数人が跪いて祈っている姿が見えた。ここは観光地ではなく、信仰の地なのだ。私は観光客気分で入り込んでしまったことに申し訳ない気がして、こっそりと外に出た。

外はまだ明るかったので、セント・ローレンス川まで出てみた。かつてイギリスとフランスが土地の支配権を争って戦った歴史がある。多くの血が流れたと思われるセント・ローレンス川は広くゆっくりと流れていた。結局、フランスはイギリスに敗れてイギリス領になったけれど、ケベック州の大多数は今でもフランス語を話すフランス系の人たちだ。観光業にたずさわっている人たちは英語を話すが、一般の人たちは断固としてフランス語を守っている。ジーンは「あの人たちは英語がわかっていても、話そうとしない」と言っていた。英国系のジーンにしてみれば、いろいろな思いがあるのだ。

政府も気をつかっているのか、政府系刊行物はすべて英語とフランス語で印刷されている。企業も同様で、洗剤からお菓子まで、二ヶ国語が印刷してあるパッケージに入っている。フランス語がわからなければ、裏返すと英語で書いてあるのだ。それでも時々ケベック州の独立を求める運動が起きている。不思議なことに、カナダの首相は私の知る限りではフランス語のほうを英語より上手に話す。選挙のときにテレビ討論会を放映するけれど、その時のフランス語での討論が選挙の結果を左右すると言われている。国家元首はエリザベス女王で、総督が女王の代理を務め、政治は首相が行っている。カナダは広いし面白い国だ。

モントリオールからケベック・シティまでは遠くなかった。ハイウェイからも簡単に降りられた。むしろトロントの出入り口が特別だったのだ。

とりあえず町の中を走ってみた。少し走っただけでもジーンの気に入った訳がわかった。英国風のビクトリアで生まれ育ったブリティッシュ・ジーンでも魅力を感じるほどの趣があるのだ。モントリオールよりもこぢんまりとしていて、適度に華やかで古風な町並みだ。カナダでは唯一の城壁が残っている町で、古い石壁が続き、くぐって入るアーチ型の門が今でも使われている。場所によってはまるでヨーロッパにでもいるよう感じだ。特に見たい所もなかったので、のんびりと運転しながら町を回ってみた。

カナダの夏の夜はいつまでも明るいけれど、そろそろモーテルを探そうと思って市街の中央から外側に向かって走り抜けようとした時だった。赤信号で停まった私の車のボンネットの隙間から、急に白い煙が噴出してきた。慌てて車の外に出て見ると、隙間から噴出していたのは、煙ではなく水蒸気だった。熱くてボンネットを開けて見ることはできなかった。ボンネットの前で立ち尽くしていると、交差点の前で他の車の進路を塞いでいたので、傍にいた人たちが車を押して歩道寄りに車を移動させてくれた。もう運転するのは無理そうだった。

私は交差点近くにあった電話ボックスに入って、備え付けの電話帳で地元のＣＡＡの電話番号を捜した。ブリティッシュ・コロンビア州で加入しておいたＣＡＡは、カナダ全土で利用できると聞いていたので、助けを呼ぶつもりだった。オペレーターの女性が出た。何か早口で言っているが、フランス語だった。英語で状況を説明すると、助けを求めていることは何とかわかってもらえたようだ。しかし、ストリート名を伝えるところで行き詰まった。何回言っても聞き返された。オペレーターは私が必死なのを感じて、辛抱強く聞いていてくれた。

私は自分で言うのを諦めて、通りかかった女の人の腕をつかんだ。女の人は驚いて私を見た。受話器を差し出すと、困っている状況を察したらしく、オペレーターと話してくれた。少し向こうにまだ水蒸気を出して停まっている車が見えた。彼女がストリート名を伝えているのが聞こえた。やはり発音が違っていた。女の人は私に頷いてみせてから受話器を置いた。彼女は幾つかの単語で私に待つようにと伝えて立ち去った。

とりあえずＣＡＡに連絡がとれたので、まだ水蒸気を出している車の傍に立って待っていた。私としてはかなり困った状況だ。まだ泊まる所も決まっていなかった。

しばらく待つと、日本ではレッカー車と呼ばれるトー・トラックがやって来た。ＣＡＡの係員はフランス語で私になにごとかを告げると、車を吊り上げ、私を助手席に乗せて修理工場まで運んでくれた。

金曜日の午後六時をすこし過ぎていた。私の今までの経験から、月曜日にまた来るように言われるだろうと覚悟していた。フランス語がわからなくても、手を振って何か言われれば、きっと今日は駄目というサインだ。私はＣＡＡの係員と修理工がボンネットを開けて、何か話しているのを見ていた。話し終えたＣＡＡの係員がバインダーにはさんだ書類を私のところに持ってきて、サインするようにと言った。トー・トラックで運ばれたということを了承するサインらしい。私がサインすると、係員は修理工に手をあげて合図してから、トー・トラックに乗って帰っていった。

車と共に残された私は、修理工を見つめた。金曜日の六時過ぎに彼はどうするだろうかと思った。

小柄でほっそりとした修理工は、私に「オーケー、オーケー」と言った。

私のマーキュリー・ボブキャットにはBC州のナンバー・プレートが付いていた。日本では中古車にナンバー・プレートが付いて売り買いされるけれど、カナダではナンバー・プレートは人間が持っている。そして住所が変わるとナンバーも変更される。アルバータ州で買った車を持ってBC州に引っ越すときは、ナンバー・プレートをBC州のものに変更し、保険も精算してBC州のものに入りなおす必要がある。だから私の車のナンバー・プレートを見れば、私がBC州から来たことがわかる。CAAの係員も修理工もナンバー・プレートを見て、私が西の端から東のケベックまで来たことを理解したはずだ。だからフランス語が話せなくても、金曜日の午後六時を過ぎていても、何とかしてやろうという気になったのだろう。

修理工は工場の奥から黒くて太いラジエター・ホースを持ってきた。私の車には大きすぎではないかと見ていると、また奥に戻って、太いワイヤー製のハンガーを持ってきた。

どうする気かと見ていると、彼は「オーケー、オーケー」と言った。そして長いラジエター・ホースを切りはじめた。私が見ても長すぎるとわかるホースを切って短くするつもりらしかった。五分の二ほど切り落とすと、こんどはワイヤー製の太いハンガーを伸ばして、一本の針金にした。そして手袋をはめると破れたラジエター・ホースを取り外して、切り詰めた新しいホースを取り付けた。それから先ほどのワイヤーをホースに巻きつけると、無理やり引っ張って車体につなぎ、強引にS字型にしてしまった。これには私も驚いた。

「オーケー、オーケー」と言って、彼はボンネットを閉めた。

私は「メルシー」しか感謝の気持ちを言い表せなかったけれど、本当に驚いたし、感謝していた。請求書を見ると、とても安く感じた。現金で支払ってから、チップを渡そうとすると、手を横に振って、「オーケー、オーケー」と言った。はにかんだような笑顔を見せる修理工に私は無理やりチップを渡した。時々チップを忘れることがあって、しまったと後悔することがあるけれど、ここで渡さなかったら一生後悔すると思った。

すでに七時過ぎていた空は、まだ充分明るかった。動けるようになった車を運転して、モーテルを探しに走り始めた。車が動くという当たり前のことが、とても嬉しかった。

翌日は車を置いて歩いて回った。前日車で回り、大体どのあたりに行けばよいかわかっていたので、セント・ローレンス川のほうに向かった。そのあたりは旧市街のロウワー・

タウンと呼ばれているところで、石畳の道と石造りの建物が並んでいた。城壁だけではなく要塞も残っていて、カナダではなくフランスにいるような錯覚を覚えるような街並みだった。

歴史的な建築物が多く残されているケベック・シティは、錯覚を起こさせる町らしい。目的もなく旧市街を歩いていたら目の前に広場があった。広場の正面にある石造りの教会を囲むようにして石造りの建物が並んでいた。広場は石畳になっていて、中央の台座には胸像が置かれていた。一般的にこのような広場では噴水のある場所だ。

私はその広場の入り口に立った時、なんだか自分の生まれ育った懐かしい故郷に帰ってきたような、錯覚を覚えた。広場を囲んでいる雰囲気がとても懐かしかった。私の家は木造で、石の壁ではなく緑の木々に囲まれて育った。石畳ではなく、父が作ってくれた砂場で遊んだ。それなのに初めて来たこの広場に特別の感じを抱いたのは不思議だった。広場の中央に置かれていた胸像はルイ十四世のものだと知った。その教会は勝利のノートル・ダム寺院といって、十七世紀にフランス軍がイギリス軍に勝利したのを記念して建てられたものだ。このあたりの歴史の流れが建物の一つひとつに沁みこんでいるようだった。

この町にもノートル・ダム大聖堂が城壁の内側にあるけれど、私はすでにモントリオールの大聖堂に行ったので、ケベック・シティでは勝利のノートル・ダム寺院だけですませた。

それから城壁の内側にあるフェアモント・ル・シャトー・フロントナックへ行った。これはフランスの古城をイメージして建てられたという豪華なホテルだ。もちろん泊まる予定はなかったけれど、ビクトリア市のフェアモント・エンプレス・ホテルを見ていたので、ケベック・シティのフェアモント・ル・シャトー・フロントナックも見ておきたかったのだ。好みから言わせてもらうと、私はこのシャトー・フロントナックのほうが好きだった。茶色い壁に囲まれたシックな建物の周囲に木製のデッキが張りめぐらされて、景色を見ながら歩き回ることができた。レンガや石畳を歩いた後では、板張りの上を歩くのは気持ちが良い。できれば靴を脱いで、裸足で歩きたいほどだった。

ホテルの中に入ってみるといろいろな店が並んでいて、みやげ物などを売っていた。何軒か店を回っていると、日本人らしい女性が品物を物色していた。日本人旅行者に日本語で話しかけると、あまり良い顔をされない。一度バンフで新婚旅行中らしいカップルに、シャッターを押しましょうかと声を掛けたら、まるでカメラ泥棒に遭ったような顔をされたこともあった。もっとも洗いざらしのジーンズにTシャツ姿だったので、放浪者とでも思われてしまったのだろう。

五メートルほど離れた所にいる女性は日本人らしいけれど、うかつに声は掛けられなかった。チラチラと横目で見ていたら、相手も気づいてこちらを見た。ためしにニコッと笑ってみると、向こうもニコッとした。どうやら話しかけてもよさそうだ。その人も話しかけてよいものかと迷っていたらしい。ニューヨーク在住で、夏の終わりに夫と二人で旅行していたのだ。彼女も日本人旅行者には話しかけないと言っていた。私も一応旅行者だけれど、私たちは店の前でしばらく立ち話をした。考えてみれば、ニューヨークはそれほど遠いところではなかったのだ。

いつもは早起きしてインスタント・コーヒーとパンで簡単な朝食をとり、七時半ころにはモーテルを出発した。しかし、前の日に歩き回って疲れたせいか、その日は八時ころまでモーテルにいた。それにこの日をどう過ごすか決めかねていたのだ。

私は観光案内のガイドブックを持たずに、カナダ全土の地図一枚だけで走ってきた。行く先々で無料のパンフレットをもらったり、人に尋ねたりしてそれなりに見るべき所は見てきたつもりだった。ケベック・シティも漠然とやって来ただけだった。しかし、無計画のわりにはかなりたくさんの所を回ることができた。なんといってもあの修理工に会えたし、懐かしい気持ちになった勝利のノートル・ダム寺院にも行った。これでバンクーバーに引き返しても満足だった。

出発の準備をすませて、モントリオールを経由してオタワに立ち寄ろうかと考えながらモーテルのフロントに行った。観光客と接する機会の多いホテルや売店の人は、多少英語を話すので、私はフロントの女性にどこか良い場所はあるかと尋ねた。

「サンタンヌ・ド・ボープレがいいわ」と彼女が教えてくれた。

彼女の発音は完全にフレンチで、私は何度も聞き返した。彼女の後から私がおうむ返しに言ってみたけれど、なかなかうまくいかなかった。私が正確に発音できないので、しまいには笑い出した。そして首を振りながら紙に書いてくれた。くしゃくしゃした手書きの字はとても読めたものではなかった。仕方なく私はカナダ全土の地図を広げてカウンターに乗せた。毎日広げたりたたんだりしていた地図は、折り目のところが破れはじめていた。

「ここよ」と彼女は地図の上に指を当てた。

地図にはサンタンヌ・ド・ボープレと書かれた所があった。それはケベック・シティからセント・ローレンス川にそって東へ向かうとすぐ近くにあった。

フロント係の女性は満足そうに私にうなずいて見せた。こんな顔をして薦めるからには、きっと行ってみる価値はありそうだ。

「これから行ってみる」と言うと、女性はすてきな笑顔を見せた。自分の気に入った所が受け入れられて嬉しいのだろう。

セント・ローレンス川沿いにハイウェイを走ると、まもなくサンタンヌ・ド・ボープレという標識が出ていた。その印にそって入っていくと、駐車場があった。まだ早いせいか駐車場はすいていた。中高年のグループが数人、大聖堂の中に入っていくのが見えた。私も彼らの後からゴシック様式の荘厳なたたずまいの大聖堂にはいった。ステンドグラスが美しい。彫像やモザイク画などもカトリック教会らしく内部を飾っていた。

先に入った人たちと内部を見渡していると、修道士らしい人が現れた。私たちを案内してくれるらしい。彼は私たちを見回して言った。

「ピルグリムの皆さん」

「えっ！」と私は驚いて彼の顔を見た。

修道士は私たちをツーリスト・旅行者でもビジター・訪問者でもなく、ピルグリム・巡礼者と呼んだのだ。

ここサンタンヌ・ド・ボープレ大聖堂は北米カトリック教会の三大巡礼地の一つと言われていて、訪れる人たちの大部分が聖地巡礼のカトリック信者なのだ。時には私のようなカトリック信者ではない者も訪れるはずだけれど、そういう人たちも含めてピルグリムとして受け入れているらしい。

サンタンヌはセント・アンのフランス語読みで、イエス・キリストの母マリアの母親アンに捧げられた聖堂だ。聖母マリアに捧げられた聖堂ノートル・ダムは各地にたくさんあるけれど、母親のアンに捧げられた聖堂は珍しいのではないだろうか。昔船が難破しそうになった時、船乗りたちが聖アンに祈ったところ、奇跡的に助かったので、セント・ローレンス川のほとりに聖堂を建てて感謝を捧げたのが始まりで、その後何度か建て直されて現在の美しいゴシック様式の大聖堂になったと説明された。

ピルグリムと呼ばれた私たちは大聖堂の中を見て回ったあと、外にある建物にも案内された。雑木林の中を抜けて緩やかな坂道を歩いていくと、道の所々に銅像が見えた。銅像といっても記念写真のように起立している姿ではなく、それぞれが色々な動作をしている群像だった。それは何の予備知識も持たずに案内されるままついて行った私には、衝撃の坂道だった。

所々にある等身大の群像はエルサレムのドロローサ、嘆きの道のシーンを再現したものだった。イエス・キリストが捕らえられ、十字架を背負ってエルサレムの道を歩かされて十字架につけられるまでの場面が実物大の群像によって再現されていた。十字架の重みによろめいて倒れるイエス・キリストと、鞭を振って起き上がらせようとする兵士や罵声をあびせている兵士もいた。イエス・キリストを十字架の上に押さえつける兵士と釘を打ちつけるためにハンマーを振り上げている兵士たち。まるで群集の叫びや悲鳴が聞こえてくるようだった。そして女性たちが布を持って、十字架からイエス・キリストを降ろしている姿もあった。今にも人々の声が聞こえてきそうなほど、リアルな情景だった。

私は近くに咲いていた黄色い野の花をつんで、十字架から降ろされたイエス・キリストの手のあたりに置いた。二千年の時を超えて、時計が止まったような感じがした。

私はこのサンタンヌ・ド・ボープレ大聖堂を旅の終点にしようと思った。ここまで来て良かったと思えたし、ピルグリムと呼ばれたことも、なぜか嬉しかった。もう充分走ったし、そろそろバンクーバーに帰ろうと思った。

7．旅のおわり――走り抜けた一万二千キロ

ケベック・シティでもう一泊したあと、私は西へ向かって走りだした。バンクーバーまでどういうルートで帰ろうか考えながら、モントリオールを通過して、オタワの少し手前のアルフレッドという小さな町のモーテルで一泊した。

オンタリオ州は広い。それに政治や経済の中心部だけあって、幹線道路が何本も東西に走っている。来た道を戻るのもつまらないので、少し違う道を選んでみた。

私は来た道と反対にオタワから北側を走る十一号線でニッピガンへ行き、サンダーベイからは南側を走る十一号線を通ってみることにした。つまり、十一号線と十七号線はニッピガンとサンダーベイを中心にX字に交差して東西へ走っているのだ。

オタワはカナダの首都だから、立ち寄ればそれなりに見る所はあるにちがいないけれど、私はハイウェイからチラッと見るだけで通り過ぎた。大きくて立派な建物の屋根がいくつも見えた。中でも大きい屋根は国会議事堂かと思ったら、どうやらいくつかある博物館の一つらしい。

やがて私は紅葉で有名な地帯を走った。残念ながらまだ木々は緑色だ。あと一週間もすればきっと美しく紅葉するはずだ。その中でどういうわけか一枝だけきれいに紅葉している枝が見えた。赤といってもオレンジがかった赤で、日光の当たり具合によるのだろうか、とても透明感のある紅葉だ。一枝だけの紅葉だったけれど、見わたす限りこのような紅葉が見られるならば、はるばる遠方から訪れる人たちが多いのも理解できる。

私はそのままニッピガンからサンダーベイまでテリー・フォックス・カレッジ・ハイウェイを通って、もう一度テリー・フォックスの銅像を見てから、自動車の修理工場を捜した。ケベック・シティの修理工を疑っているわけではなかったけれど、やはり切り詰めたラジエター・ホースをハンガーの針金で引っ張っているので、ちょっと気になったのだ。

ボンネットを開けてラジエター・ホースを指で押したり針金を引っ張ってみた修理工は、「良い仕事をしている」と言った。しかしバンクーバーまでは長距離なので、「できればちゃんとしたホースに取り替えたほうが良いでしょう」とも言った。また手元に純正ホースがないので、ウィニペグあたりで聞いてみると良いと薦めてくれた。

私は彼がケベック・シティの修理工が良い仕事をしたと言ってくれたことが嬉しかった。オーケー、オーケーしか言わなかったけれど、間に合わせのホースやハンガーで私の急場を助けてくれた。しかも専門家が見ても良い仕事をしてくれたのだ。しかし、いくら良い仕事でもホースを針金で引っ張ってS字に曲げているのだから、どこかに無理があるわけで、純正ホースに換えるべきなのだ。私はウィニペグで再度修理工場を探すことにした。

南回りの十一号線をさらに進むと、アメリカとの国境近くにフォート・フランセスという所があった。このあたりでもフランス軍とイギリス軍が戦ったのだろう。フォート、砦というので西部劇に出てくる騎兵隊の駐屯基地を思い出したが、現在のフォート・フランセスは新しく建て替えられていて、サイズもかなり小さい。外壁をぐるりと木の柵で隙間なく取り囲まれていて、物見台もついていていた。観光シーズンが終わったせいか中に入れず、少しがっかりした。

そしてこの回り道でもっと残念に思ったことがあった。フォート・フランセスの近くにあるレイニー湖の中を長い橋が架かっていて、全長五・六キロメートルの橋を前だけ見て運転していたのだ。車窓からは赤と白に塗られた送電線の高い鉄塔が所々にある小島を繋ぐように建っているのが見えたけれど、周囲の景色を見るゆとりがなかった。後でモーテルにあったパンフレットに載った写真を見ると、湖の中を延びる長い橋と、無数に点在する小島と、赤白に塗られた鉄塔が写っていた。パンフレットの写真は上空から写したものだから、橋がどれほど長く、美しい島々の間を延びているのかわかるけれど、私には鉄塔や小島の一部しか見えなかった。私はせっかくの景色を見落としてしまったのだ。

写真を見て思わず「私はこんなに素敵な所を走ったのか」と感動した。できれば引き返してもう一度ゆっくり走りたい。しかし、車高の高いバスならよく見えても、乗用車からは橋の欄干が邪魔をして、湖の中の景色はよく見えない。いくら車が少ないといっても途中で停めて見るわけにはゆかない。それにあの橋の真ん中あたりで車が故障したら大変なことになるのだから、諦めるしかなかった。

私はフォート・フランセスの小さなモーテルで一泊して、車を北の幹線道路へと走らせた。

ウィニペグでフォードの修理工場を備えた大きな販売店へ行くと、純正ホースを取り寄せるので、午後まで待ってと言われた。私は待っている間に昼食を取ってから近くを歩き回った。時間があるのでシェリルに電話しようかと思ったが、彼女は働いているはずなので電話しなかった。わずか二週間の違いなのに、以前彼女のアパートを訪ねたときのような暑さはなく、歩いていても汗はかかなかった。

通りがかった小さな広場ではテーブルを幾つも並べてガレージ・セールが開かれていた。ガレージ・セールは家の庭先で開くものだから、リサイクル・セールと言うべきかもしれない。テーブルの上には色々な品物が並んでいて、数人の客が手にとって品定めをしていた。

私はガレージ・セールが大好きで、バンクーバーでは時々立ち寄っては掘り出し物を見つけた。近くの家で文字通りガレージの前で店開きしていたので、木製のソルト・アンド・ペッパーを買って、中味が入っていたのをそのまま使っていたら、日本人の友人にひどく怒られたことがあった。朝食に使用して塩もコショウも入ったまま売りに出したような物で、私はそのまま使っていたのだ。

「変なものが入っていたらどうするの」と友人が言った。

ノース・バンクーバーの高級住宅地では木製フードのついたステキなフロアスタンドも買った。二台セットで売っていたものを一台だけ三ドルで買った。これはとても良い品物だったので、日本に帰るとき友人に五ドルで売った。それでも安いので友人は喜んで買ってくれた。傑作だったのは、手編みのベストを二ドル五十セントで買った時だ。カウチン・セーターのような純毛の新品だったけれど、ボタンホールが付いていなかった。編んだ人はでき上がってからボタンホールを付け忘れたことに気がついて、おそらく逆上して手放すことにしたのだろう。私はそのアイボリー色のベストにファスナーを付けて、便利に着用していた。

広場を歩いて幾つかのテーブルを見て回った。小物が並んでいるテーブルの上に、小さなミルクと砂糖入れのセットがあった。いかにもイギリス人好みのフルーツ柄だ。品質も良かった。値段は四ドル七十五セント。新品なら二十ドルはする品物だ。私としては必要のないものだったけれど、小さいサイズが気に入って買ってしまった。

新聞紙にくるまれたミルクと砂糖入れを受け取ってから店に戻ると、新しいラジエター・ホースがついた私の車が待っていた。

私はそこから西に向かってブランドンというマニトバ州とサスカチュワン州の州境に近い所で一泊した。後はどこにも寄らないでバンクーバーまで帰ろうと思った。毎日運転していたので、少し疲れた。

それからも毎日走り続けて、あと三日ほどでバンクーバーに戻れる頃になると、私は食欲をなくした。洗いざらしのジーンズとシャツを着てしゃれたレストランに入る気になれず、いつもファスト・フード店やカフェテリアで食事をしていたので、食べ物にこだわらない私でも少し飽きたのだ。

カナディアン・ロッキーを横切った時、チラチラと雪が舞いはじめた。花びらのように大きな雪だった。雪はフロント・ガラスに付くとすぐに溶けた。行く時はまだ暑い八月下旬だったけれど、帰りは九月の半ばも過ぎていた。

ベラの家の前に車を停め、玄関ポーチへの階段を登った。初めて訪れた時と同様、私は赤いスーツケースを持っていた。

ドアを開けて現れたベラは灰色の目を大きく開き、両腕を広げて出迎えてくれた。私が残していったスケジュール表を毎日眺めながら、ジーンたちと私の旅行を想像していたらしい。もうそろそろ帰ってくる頃だと話していたところに私が現れたので、皆は驚いたり喜んだりして、かなり話が盛り上がった。

その時私は、ベラたちにみやげ物を買って来なかったことに気がついた。日本の観光地のようにお饅頭など売ってなかったし、それに毎日前を向いて運転するのに精一杯で、みやげ物を買うことまで気が回らなかった。幸いなことにベラたちには観光みやげといった習慣がないので、あまり気にすることはなかった。元気で帰ることと、いろいろな話をしてあげるほうが喜んでくれる。それに、ケベック州のメープルシロップはバンクーバーでも売っている。

バンクーバーを出発してから四週間、私は毎日運転して、七三六一マイル、約一万二千キロの旅をしてきた。あとは長距離を走り続けた中古車を売って、日本に帰るのだ。バンクーバーから東京まで、約一万二千キロ、私が走ったのと丁度同じ距離だけれど、今度は運転せずに飛行機に乗って座って帰れる。


一年か二年の予定で訪れたカナダだったが、思ったより長く滞在することとなった。いろいろな所へ行って、たくさんの人に出会った。ずいぶん助けられもした。その場その場で感謝したつもりだけれど、もっと深く感謝すべきだったような気がする。

皆とても親切だったし、たくさんのことを教えてくれた。

もう遅いかもしれないけれど、心から感謝しています。ありがとう。

落合晴江（おちあい・はるえ）

東京都出身。カナダに 10 年間在住。

著書に「ボクたちだって生きている――ノラネコ三兄弟物語」（新生出版）「もうひとつの女性哀史 繁華街の片隅で生きた外国人女性たちの記録」（角川学芸出版）がある。

カナダ・寄り道回り道
走り抜けた1万2千キロの旅

2013年9月15日　初版発行

著　者　落合晴江《おちあいはるえ》
発行者　青木誠一郎
発行所　株式会社 学芸みらい社
〒162-0833 東京都新宿区箪笥町43番 新神楽坂ビル
電話番号 03-5227-1266
http://www.gakugeimirai.com/
E-mail:info@gakugeimirai.com
印刷所・製本所　藤原印刷株式会社
装　丁　大庭もり枝

落丁・乱丁本は弊社宛お送りください。送料弊社負担でお取り替えいたします。

ISBN978-4-905374-27-5　C0095